班主任必备丛书
BANZHURENBIBEICONGSHU

U0623927

中学班主任
与学生有效沟通的技巧

主编：迟学为　徐恭才　杨艳华

编者：陈玉杰　王玉玲　郭艳华　吕艾静　蔡丽霞　张　勇　张秀丽　牛丽芳
　　　周宝玉　邵莉莉　关海霞　丛　阳　张　艳　付广娟　栗艳清　毕亚丽
　　　魏　威　张　于　张　健　肖大为　王志安　刘大为　王　丹　李　莉
　　　李建生　张丽佩　向宏艳　苏金霞　李雅旻　曹　勋　邵永存　丁艳宏
　　　李伟红　薛　红　张怡新

ZHONGXUEBANZHUREN
YUXUESHENGYOUXIAO
GOUTONGDEJIQIAO

吉林文史出版社

图书在版编目（CIP）数据

中学班主任与学生有效沟通的技巧／迟学为，徐恭才，杨艳华主编．
——长春：吉林文史出版社，2012．12（2021.6重印）
（班主任必备丛书）
ISBN 978－7－5472－1363－6

Ⅰ．①中… Ⅱ．①迟… ②徐… ③杨… Ⅲ．①中学－
班主任工作 Ⅳ．①G635.1

中国版本图书馆 CIP 数据核字（2012）第 307960 号

班主任必备丛书

中学班主任与学生有效沟通的技巧

ZHONGXUE BANZHUREN YU XUESHENG YOUXIAO GOUTONG DE JIQIAO

编著／迟学为　徐恭才　杨艳华
责任编辑／高冰若
封面设计／小徐书装
出版发行／吉林文史出版社
地址／长春市福祉大路5788号
邮编／130118
网址／www.jlws.com.cn
印刷／三河市燕春印务有限公司
开本／710mm×1000mm　1/16
印张／15　字数／200 千字
版次／2013 年 3 月第 1 版　2021 年 6 月第 3 次印刷
书号／ISBN 978－7－5472－1363－6
定价／39.80 元

目　录

目录

序: 点亮心灯

　　"思"乃"心上田","想"乃"心之交"。思想的田野从来都不是杂草丛生的荒原,它孕育着希望的种子,根植着精神的信仰。每片心灵的天空都星光闪耀,每片青春的田野都泛着梦想的金光。每个人的心里都有一个"场",这个心里的"场",从自我的心灵深处出发,迈向开满鲜花的人生渡口,一路蜿蜒前行,或低回,或高亢,或幽暗,或明丽……

　　我一直坚定地认为,学生是每个教育者生命历程中最好的青春礼物。他们阳光,他们欢乐,他们的追求是我们不变的扶持,他们的成长是我们不变的守候。"师"与"生"之间,总是引领与感悟同在的,总是碰撞与默契同生的。心与心的贴近,不只为取暖而存在,更为获取走过山河岁月的勇气而靠近,更为获取走向人生彼岸的力量而交融。

　　教育是一片高原,学生就是那片郁郁葱葱的森林。我们常常播种,常常浇灌,常常修剪枝丫,却忘了阳光下的郁郁葱葱也需要我们的驻足,也需要我们蹲下来聆听风的声音,聆听树木的吟唱。走得急了,总忘记走过的路也变成了一道道风景。我们不只是行为的耕种者,我们也是精神的享受者。与自己扮演的角色走得太近了,与心的追求疏远了、疏离了。

　　开启心灵的锁,与那些如我们一样充满磁力的"场"合成同心场,酿成青春的欢歌,蓄成生命的能量,让教育的天空轻舞飞扬!

上篇

与学生沟通的技巧

第一章　以礼待人

第一节　尊重学生

【导语】

　　德国哲学家亚瑟·叔本华说："要尊重每一个人，无论他是何等的卑微与可笑。要记住活在每个人身上的是和你我相同的性灵。"人与人之间的交流，都应建立在尊重的基础上，这当然不能排除教师与学生的交流，何况我们的学生并不卑微与可笑，尊重他人就是在尊重自己，人唯有尊重他人，才能赢得他人对自己的尊重。完善的师生关系亦如此。

　　尊重学生是对教师职业道德的基本要求。没有了尊重，就谈不上教育。尊重学生是使学生健康成长的动力，同时也是形成新型师生关系的保证。教育是心灵的艺术。如果我们承认教育的对象是活生生的人，那么教育过程便不仅仅是一种技巧的施展，更不是不顾学生的感受而对其缺点大肆批评，也不要用尖刻的语言去伤害，而应该是教育的每一个环节都应该充满着人情味，充满对学生的理解和尊重。

　　教师要尊重学生的人格尊严，要尊重学生的个体差异，要尊重学生的话语权，更要善待学生的缺失。

一、尊重学生的人格尊严

英国20世纪继承批判现实主义的代表作家约翰·高而斯华馁曾经说过：人受到震动有种种不同，有的是在脊椎骨上，有的是在神经上，有的是在道德感受上，而最强烈的、最持久的则是在个人尊严上。法国文艺复兴时期人文主义思想家蒙田也说过：我们可以把我们的财物、生命转借给我们的朋友，以满足他们的需求，但是，转让尊严之名，把自己的荣誉安在他人头上，这却是罕见的。

不难看尊严无价。什么是人格尊严？人格尊严是指公民的名誉和公民作为一个人应当受到他人最起码的尊重的权利，一定意义上也可以是作为人的最基本的自尊心和"面子"。人格尊严所表征的首先是人区别于动物的规定性，每个人不论其人种的差别和文明的程度，也不论其职位的高低、财富的多寡、相貌的美丑和健康状况的好坏，都是平等的，都应当在社会中享有做人的权利，履行做人的义务，以显示人之所以为人的社会规定性。尊严可以是不完美的，但必须是建立在彼此尊重、平等、自由、正义基础上的。

苏霍姆林斯基说过："人类有许多高尚的品格，但有一高尚的品格是人性的顶峰，这就是人的自尊心。"任何一个人，无论是成年人还是未成年人，其最大的、最基本的精神需要，就是人格尊严得到保护和尊重；而最大的精神侵害，也莫过于人格尊严的侵害。维护人格的尊严是人的高层次的心理需要。这不仅是成年人的心理需求，也是孩子的心理需求。现代心理学研究表明，青少年是具有强烈的自尊心，而且内心是敏感的、脆弱的。在某种情况下，他们把维护自己的尊严看得格外重要，也许在某些学生身上这种维护表现不是很外在的，但他们内心维护自我人格的尊严的感觉一定是

中学班主任与学生有效沟通的技巧

极其强烈的。然而成年人往往忽略了孩子这一不亚于穿衣吃饭，甚至比穿衣吃饭还重要的需要，这些成年人当然也包括了部分教师。

不可否认，当前学校教育存在的某种现象，有的教师由于缺乏正确的学生观，或者受陈旧的"师道尊严"观念的影响，或者出于对"严师出高徒"的片面认识，或者未正确理解尊重学生与教育学生的辩证关系，或者过分相信惩罚的作用，从而在教育学生的过程中，不注意保护学生的人格尊严，过度使用惩罚的手段，或者动辄对学生大发雷霆，或者歧视、辱骂、讽刺学生，或者用罚站、罚多做作业、不准参加某种活动、鼓动学生互相羞辱、不准学生进教室等错误手段惩罚学生。其实这样只会给学生的心灵留下很大的伤害。这种心理阴影可能会跟随学生一辈子，甚至他们的价值观也因此而发生偏差，导致他们的行为可能会发生与我们预期的要偏离很远。

教师应该尊重学生的人格尊严，不要偏激地训斥、讥讽学生，要知道我们的一句否定甚至批评会给学生的心灵留下很大的伤害。这种心理阴影可能会跟随学生一辈子，甚至他们的价值观也因此而发生偏差。导致他们的行为可能会发生与我们预期的要偏离很远。很多时候老师的一句简单的"你不是一个坏孩子"一定会把一个调皮学生变成了一个好学生。

教师与学生在道德人格上是平等的，以平等、诚挚、友善的态度对待学生，是每一个教师恪守的师德信条之一。松软适度的土壤有利于种子的萌发，宽松和谐的环境有利于学生的成长。教师如果事事、处处尊重学生，摆正自己的位置，始终站在学生中间，做学生的知心朋友，与学生建立平等、合作、友好的师生关系，这样就为学生竖起了通往成功的阶梯。我们可不可这样说真正有生命力的、跨世纪的教育，是尊重人格的教育。

如果教师经常使用亲切的语言工作，能在较短的时间内，消除学生对老师的心理戒备。教师要用心来赢得学生的微笑。一个慈爱的眼神，一次轻轻的抚摸，一份小小的礼物，都会使学生如临春风，如沐时雨。要给学生以丰富的情感，我们还要把富有激励呼唤、鼓舞和关注性的语言当作传递情感的灵丹妙药。在教育过程中，教师要善于把命令式的、居高临下式的语言转化成商量式的、平等交流式的语言，把生硬冰冷的语言变成富有感情色彩的语言。同时，教师还应该尊重学生的情感表现。绝大多数同学对老师的情感是真诚的，比如见到老师问声好，每逢节日给老师送上一张贺年卡，老师对这些应该十分尊重。如若把学生高高兴兴的一声"老师好"当作耳边风，他们会认为老师看不起自己，内心不愉快，由此而来师生感情疏远，对教学产生影响。教师要关心他们的情感表现，时刻想着他们。

从小被人尊重的人，会有很强的自尊心和自信心，也容易形成完善的人格，或者说孩子会自己努力用完善的人格来维护自己做人的尊严。被人尊重的孩子也会去尊重别人，如果我们所有的学生都是这样的，那么我们整个民族的自尊感就会提高。

有一点很值得一提，教师树立自身美好形象最重要，从一定意义上讲同样也是在尊重学生的人格尊严，用美的形象、美的人格去感染学生，引导学生，这是一种无声的爱。为人师表是师爱的重要体现，一位高素质的教师，必然是一个具有良好修养和情操的人。

在学校里，我们常常看到这样一种情况：让学生做同一件事情，有的教师说出来，学生立即听从，乐于接受，而且完成得很好；有的教师说出来，学生却无动于衷，懒于接受，即使被迫做了，也是马虎了事。于是，人们就说，前一种教师在学生中有威信，后一种教师在学生中没有威信。

有的教师对于调皮、不顺从的学生，往往采取训斥、威胁、甚至惩罚的手段，造成学生的心理恐惧。教师来了，学生在教室里鸦雀无声，安安静

静,教师对此十分满意,以为自己有威信,有办法。殊不知,这并非学生发自内心的对老师的尊敬,而是基于威慑,表面上暂时的遵从,是从另一角度在维护他们自己的"尊严",也就是面子。当教师一走,教室里又是翻天覆地,乱作一团。

教师的一言一行、一举一动,都会通过学生的眼睛在他们的心灵底片上留下影像。做教师的,加强思想修养,有崇高的境界,高尚的道德品质;遇事冷静,不随便发怒,不以威压人;处事的公平合理,不抱偏见,对自己所有的学生一视同仁,还有谈吐的文雅,仪表的端庄,良好的生活习惯……所有这些,都会给学生留下终身难忘的印象,成为学生永远的楷模,从这个意义上说,"教师是学生的第二父母"是决不为过的。

总之,教师要树立正确的学生观,要与学生建立平等的师生关系,既做学生的老师,又做学生的知心朋友,坚决避免和克服歧视、辱骂、讽刺、羞辱和侵害学生人格尊严与合法权益的现象,教师要真正成为学生人格尊严与合法权益的保护神,教师也是引导学生维护自身人格尊严的榜样!

【经典链接】

1. 爱人者,人恒爱之;敬人者,人恒敬之。——孟子

2. 做老师的只要有一次向学生撒谎撒漏了底,就可能使他的全部教育成果从此为之毁灭。——卢梭

3. 人有许多高尚的品格,但有一种高尚的品格是人生的顶峰,这就是个人的自尊心。——苏霍姆林斯基

4. 自尊自爱,作为一种力求完善的动力,是一切伟大事业的渊源。——屠格涅夫

5. 自尊心是青少年最敏感的角落,是学生前进的潜在力量,是前进的动

力,是向上的能源,它是高尚纯洁的心理品质。——苏霍姆林斯基

二、尊重学生的个体差异

法国著名的思想家罗曼·罗兰说:"每个人都有他的隐藏的精华,和任何别人的精华不同,它使人具有自己的气味。"苏联作家富尔曼诺夫有也过类似的论述:"每个人都有自己的特点,没有两个人一样的;真是人跟人各异,石头跟石头不同。然而大家合在一起,就成了相互交织在一起的群英谱。"

其实每个人都有自己有别于他人的个性,每个个体在面对客观现实时都表现出不同的行为特点和方式,这些不同的特点和方式构成了人与人之间的心理上的差异,这就是个体差异。

这种个体差异不可避免地在我们的学生间客观存在着,而且表现形式也是多种多样的。如能力高低的差异、对事物的认知方式的差异、对事物认知后的自我表现方式的差异、学习动机的差异、学习习惯的差异、性别的差异等等。

古人云:人心不同,各如其面。作为教师,要重视学生的这种个体差异,要相信我们的每一位学生个体内都潜藏着成功的潜能;教师要学会赏识学生的优点、进步和个性,也要做到宽容学生的过失、错误、缺点;更要期待、耐心等待学生的转变、成功。适应了学生个体差异,找到切实可行的方法,教育才会取得理想的效果。

看今天的教育现状,我们不难会得出一个这样的结论:几乎每一个"优秀教师"的光荣称号,都在以其班级学生的学习成绩远远高于所在年级、所在地区的平均分为衡量标准,他们的"先进事迹"的辉煌大厦,几乎

都以"升学率"作为支撑的主要栋梁，否则，他一切的教育思考、教育探索与教育创新都可能等于零，"升学教育"压倒了一切。但是，取得较高升学率所付出的代价，往往是学生个性精神的丧失！不尊重个体差异的教育必然培养出没有个性的学生。

黑格尔说：个性像白纸，一经污染，便永不能再如以前的洁白。教师一句不负责任的话，有可能毁掉一个孩子美好的前程，足以使一只刚刚展翅的雏燕坠入深谷。世界著名教育家赞可夫曾经说过："当教师把一个学生认识到他是一个具有个人特点的、具有自己志向、自己智慧和性格的人的时候……才有助于教师去热爱儿童和尊重儿童。"请听听学生的心声：老师，我希望你常是一个有感情的人，而不仅是一架教书的机器；老师，请你不仅教书，而更是教我们做人；老师，请您也把我当人看待，而不仅是您记分簿上的一个号码；老师，请您不要单看我的成绩，请您更要看我所做的努力；老师，请您经常给我一点鼓励，不要让您的要求，超过我的能力。

教师应当学会面对有差异的学生，实施有差异的教育，实现有差异的发展。其实每个学生有不同的个体需求，这恰恰是每个人成才的共同路径。最终能不能沿着这个路径走向成才，取决于这个不同需求能不能得到引导，能不能得到开发，能不能得到满足。事实上，之所以人们成长成才的程度有较大差异，一个重要方面就在于他们本该从一开始就走上最适合自己的个性之路，却在各自的道路上际遇大不相同。有的人的个体路径得到激励，有的人的个体路径却受到压抑。其中，教师的作用至关重要。

教师有责任为具有个体差异的学生创设适当的受教育的环境，因为教师是学校环境中的最重要的因素。在由校园、班级和课堂等构成的受教育的环境中，每个教师是一个主导者。教师应当学会控制环境，使之适应于每个个体学生。教师的教育要适合学生个性特征，设计和实施教育应有一定的弹性。要考虑学生的个体需要和能力，把它作为教育起点，采用适当方法，提出适当要求，使学生有兴趣并得到相应发展。要注意教育的方式方法，要给不同个体的学生留有自己活动的余地。

教育的任务不是消除个别差异而是因势利导。学生的个别差异也是教育的一种条件，教育应使每个学生都得到发展，这就要求我们因材施教。材就是指教育对象的具体条件，其中包括他的兴趣、性格、能力等心理上的特点。"因材施教"就是承认差异，重视差异，在教育过程中从学生的实际出发，有的放矢，区别对待，尽可能使每个学生按不同的条件在各方面都得到发展。因材施教就是因人而异地进行教育和教学，在分析学生的差异的基础上，选择适宜的教育方法，从而培养学生良好品质与个性。例如：在了解学生的心理水平和知识能力水平的基础上，再提出适当的要求；了解学生的需要、兴趣和价值观，然后有针对性地激励，充分调动积极因素，克服消极因素，培养高级需要，形成强大而持久的学习动力；了解学生的优缺点，帮助学生长善救失；了解学生个性，培养个性充分发展的人才，要帮助学生把自身的个性和潜能外化为社会的价值，使他们"能成为什么就成为什么"。

学生的个体差异还与其气质特点与性格特征有关，因此学生的发展受到气质特点和性格类型的影响，因此，教育中要依据学生的气质、性格特征采取适当的方法。因此教师要针对学生的气质与性格特征进行教育。如：倾向于勇敢、爽朗，有进取心的学生，也容易形成粗心、冲动的缺点；具有稳重、坚毅、实干品质的学生，也容易形成冷淡、固执、拖拉的缺点；具有细心、守纪律、富于幻想等品质的学生，也易于出现多疑、孤僻、怯懦、自卑的弱点；因此，教育者应在了解学生的气质特点基础上采取有针对性的教育措施，帮助学生发展积极品质，克服消极品质。又如：有刻苦、顽强的性

格特征的学生即使不很聪明也往往会取得好成绩，而聪明但不踏实，缺乏毅力的学生常常成绩不佳。了解了学生的性格特点，就可采取有针对性的措施，有效地提高学生成绩，培养完善的个性品质。比如对聪明学生加强毅力和意志力的培养就可以提高其学习成绩。

总之，如果每一个孩子都能够挣脱标准答案的束缚；如果每一个孩子都能冲破惯性思维的限制；如果每一个孩子都能从正确中发现错误，从错误中发现美丽，从寻常中发现不寻常，从平淡中发现神奇；如果每一个孩子都善于独立思考，都敢于标新立异……那么，古老民族的复兴将不再是遥远的梦想，华夏子孙摘取诺贝尔桂冠的渴望必将成为美丽的现实。

【经典链接】

1. 心灵的大门不容易叩开，可是一旦叩开了，走进学生的心灵世界，就会发现那是一个广阔而迷人的新天地，许多百思不得其解的教育难题，都会在那里找到答案。——魏书生

2. 对别人的意见要表示尊重。千万别说："你错了。"——卡耐基

3. 施与人，但不要使对方有受施的感觉。帮助人，但给予对方最高的尊重。这是助人的艺术，也是仁爱的情操。——刘墉

4. 如果没有好奇心和纯粹的求知欲为动力，就不可能产生那些对人类和社会具有巨大价值的发明创造。——陆登庭

5. 如果学习只在模仿，那么我们就不会有科学，就不会有技术。——高尔基

三、尊重学生的话语权

"我不能同意你说的每一句话，但是我誓死捍卫你说话的权利。"据说是伏尔泰的"名言"。之所以加上"据说"，是因为有后人证明此话并非伏尔泰所言，但这句话流传甚广，甚至在伏尔泰的祖国法国也被奉为"至理名言"！可见"话语权"对人的诱惑力！

"话语权"是指公民有就社会公共事务和国家事务发表意见的权利，是一种表达权和参与权的体现。就字面义而言，话语权就是说话权、发言权，亦即说话和发言的资格和权利。它体现的是作为一个独立的社会个体，在特定的社会背景中，自主地对现实生活、实践活动进行真实、具体的表白，理性或感性地反映自己的理念、思想、态度、价值的权利。作为社会中一个完整的个体，必须以"我"的方式存在，必须能言说对生活世界的生存感觉、常识经验和智慧，表达内心的感悟、价值取向、审美情趣，从而体现个体生命的内涵和意蕴。

教育要走向现代化，那么教育思想也必须实现现代化，这就意味着必须同时抛弃更多的陈旧观念。比如，应该尊重孩子表达自己思想的自由，不要总是用成人的"成熟"的观念去代替孩子的思考，让他们说自己想说和该说的话，把话语权交给学生，因为教育的一个重要目的是使孩子的个性得到充分的发展。然而我们不可否认在教育现实中，我们或多或少地感觉到学生话语权似乎成了被遗忘的角落，学生处在了失语的困境之中。

学生的话语权是指学生这一特殊的群体在受教育活动中，有表达自己思想、情感和见解的权利。学生的话语权是通过学生在接受教育的过程中获得而确立的，它是学生做"人"所本应具有的权利。实际话语权的实现将对学生形成积极向上的人生观和价值观产生重要而深远的影响。因此，了

解学生对话语权的需要和话语权的实现对其成长的重要意义，关注学生话语权的实现，也是推进教育和社会发展的重要途径。

尊重学生的话语权，实质上就是在尊重学生的人格，也是在关注学生的心灵，老师允许学生在教育的过程中向老师提出挑战，甚至允许学生对班级管理"指手画脚"。

这就要求教师要努力唤醒学生的主体意识，从而共享师生话语权。要做到师生双方都能正确定位自己的角色，学生接受教育的过程实质应该是师生共同分享各自的知识、经验、阅历和信息的过程。要鼓励学生讲真话，指导学生行使话语权，不要害怕学生有不同的观点，甚至是错误的观点，哪怕是离经叛道的观点。学生的一些错误观点，从某种程度上讲，恰好是学生认知水平的真实反映，只有敢于让学生讲真话，才有与学生真实、平等交流，并且是教育学生的机会。

多少年来，在传统教育的影响下，无论是教师还是学生都已经习惯了教师制订制度、学生遵守制度的这种单向的班组管理模式。这种模式下，班主任老师是制度的制订者和执行者，学生则只能是被动地适应和遵守。其实，这种外部强加的制度，非常容易让学生产生强烈的逆反心理，导致班级管理无法达到有效预期，也就不利于学生的健康成长。没有学生话语权的管理，是有缺陷的管理。学生是班组的主体，班组管理成效最终将通过学生体现出来，并且学生总是感受最深最真，因此，在管理过程中，特别是面对问题时，学生常常是有话要说的。如果不知道学生在心里想什么，只凭班主任老师单方面主观想象，这样的管理效果是可想而知的。班组管理制度的制订到实施，话语权都归班主任，而学生处于"无语"状态，这是过时的做法，与现代社会的民主精神背道而驰。其实，只要是与学生有关的管理制度，学生都可以全程参与，并有最后的审议权和表决权，因为要相信学生们的出发点一定是都是为了班级变得更美好，这与老师的出发点是一致的。同学的提案、建议、意见和要求，无论是合理的、不合理的，都要经过班级全体师生的认真对待、认真反思、共同探讨、共同审核。试想由学生们自己制订下来的制度，再由他们自己去执行、自己去遵守，由他们自己共同去维护、共同去监督，还会产生强烈的逆反吗？这样班主任老师和学生实质上就都成为了制订班级学生制度的对话者、商谈者、促进者、合作者。学生的"话语权"与教师的话语权以至于家长的话语权（这上点在后而的章节中会提到），共同构筑起了班级制度的新体系，形成了具有特色的班级管理新格局，师生的精神面貌一定会焕然一新。育人观念也就由"逆向"向"同向"转轨。

随着话语权的解放，学生更趋近于他们的自我认知和自我实现。一个人由于认识到了自己的力量，从而进一步认识到他自己的意识，他就能够揭示他人和自己的一些不合理的行为。认识本身就意味着不断去探索和发现，而话语权的复归更是学生的一种生命意义上的企盼，来自真实自我的话语，无论真与伪都将是个体鲜活生命的有益尝试，也都是一种生命丰富而不断升华的理性诉求。

【经典链接】

1. "学问"就是学习提问，切莫将"学问"变成"学答"。——李政道

2. 21世纪新型教育要自觉追求把精神生命发展的主动性还给学生，要培养具有主动发展的需求、意识和能力的新人。——叶澜

3. 我深信世界上最好的教育，是在不知不觉的谈话中获得的。——巴威尔

4. 如果把学生的热情激发出来，那么学校所规定的功课就会被当作一种礼物来领受。——爱因斯坦

5.教育的最终目的在于使学生能自学自励,出了学校,担任了工作,一直能自学自励,一辈子做主动有为的人。——叶圣陶

四、善待学生的缺失

美国哲学家威廉·杰姆斯说:"人性最深层的需求就是渴望别人的欣赏。"客观地说,青少年时期是人生处于易发问题的阶段,由于受到家庭、社会、学校等方面的不良因素的影响及自身的存在的有待改进的因素,从而导致这一阶段的孩子在思想、认识、心理、行为、学习等方面偏离常态,在他们身上难免会有这样或那样的问题,表现出:或思想品德低劣,或有违法乱纪行为,或经常违反学生日常行为规范,或学习成绩差,等等。这些问题如果不及时解决,势必会影响今后的人生发展。因为从生物学角度看缺失是一个正常染色体断裂后丢失了一个片段,这片段上的基因也随之失去。由于一部分遗传物质的丢失,常常造成个体生活力下降以至致死。不致死的缺失往往引起不寻常的性状。

如何对待这些问题学生,很多教师都绞尽脑汁,但收效甚微。尤其是一些错误连连的问题学生,有时会让教师显得手足无措,处理起问题来有时也会焦头烂额。

其实这些孩子的不良行为的产生原因是多方面的,有家庭教育不当,有社会的负面影响,也有学校教育的失误。责任决不完全在他们。如现在社会中还存在很多的特殊家庭,离婚家庭、寄养家庭、"暴发户"家庭、犯罪家庭、重组家庭、"新贵"家庭、流动人口家庭等。此类家庭孩子的家庭教育会不同程度地存在缺失问题。另外由于种种原因,有些学生在心灵深处受到过创伤,同时成绩又差,因而他们十分自卑,再加多次受到批评或纪律处分，久而久之，就有可能对老师产生反感和憎恨等逆反情绪，见了老师横眉冷对，老师说东他偏往西。长此以往，他们的自尊心受到了损伤，正常发展受到了影响，而且师生感情产生了隔膜，关系变得十分紧张。

有严重行为问题的孩子更需要尊重！因为他们也是人，是独立的人，他们也有一个丰富的内心世界，他们也有被关注、被认可、被爱的强烈愿望。这就要求我们教师要给予他们更多更真诚的关注和关爱，需要"润物细无声"的爱，用爱去激发他们的自尊心。尽量创设健康的教育环境，可以有计划有针对性地开展心理健康教育活动，帮助他们重拾信心、重新帮助孩子培养健康的心理和健全的人格。

对待学生的缺失教师要学会激励入手，从而达至转化。如：情感激励，有缺失的学生同样有着丰富的感情世界，由于他们常常受到冷眼，所以外表给人总是冷漠的，有时甚至有些不近情理，教师如果进行大力感情投资，师生之间就会建立深厚的感情、亲密的关系，古人言"亲其师，信其道"，学生对老师有感情，就会听取老师的教诲；尊重激励，公正、平等地对待他们，尊重他们的人格，听取他们的意见，对他们要多几分尊重、多几分理解，让他们逐渐认识到自身的价值，改变自甘落后的思想，从而产生一种积极进取的动力，真正使阻力变成了动力；目标激励，针对不同情况制订不同目标，引导这类学生向着既定的目标努力奋进，让目标对其产生激励鞭策作用；成功激励，想获得成功是人们普遍的心理愿望，成功后被人们的认可，更是人们普遍想要获得的心理享受，如果教师能够因人而异，扬长避短的策略为他们不断创造成功的机遇，尝试抓住他们的每一个"闪光点"进行赞扬，使他们感到温暖，使他们有获得成功的喜悦，就能够帮助他们树立信心，促进自身的转化。对学生激励的方式有多种，教师不妨进行多方的尝试，开创思想教育工作的新天地。

今天的教育现状，让我们越来越清楚，教师对学生的教育应以表扬为主。但这绝不意味着对犯错误的学生不能进行批评，事实上批评同表扬一样，都是班主任教育学生的一种手段，表扬是艺术，批语也需要艺术。如：批评的对象应指向学生的行为，而不是学生本身；即便是批评也要想办法让学生感受对教师的爱，苏霍姆林斯基曾说过："一个好的教师，就是在他责备学生、表现对学生的不满、发泄自己的愤怒的时候，他也时刻记着：不能让儿童那种'成为一个好人'的愿望的火花熄灭"。让说理贯穿于批评的全过程，控制急躁，冷静分析，通过摆事实、讲道理，轻微的批评也能达到良好的预期效果；讲究多样的批评方式，"给你一次劳动光荣的机会"——迂回曲折式；"不好意思，老师今天又比你来早了"——幽默式；"你这件事做得很成功，若再完善会更好，相信不会再有这样的小问题了"——先扬后抑式；"你最近进步很快，但课上有时稍有点小走神儿"——温和提醒式，等等。

每个学生都是一个发展中的独特的个体。我们不能用一成不变的眼光来看学生，而要及时掌握学生的有关情况，耐心、细心地了解事情的前因后果，然后再做出判断。也就是我们要克服思维定势，从产生问题的学生角度来思考问题、分析问题，真正了解他们的想法，从而找到产生问题的关键所在。需要科学的处理方法和技巧，需要把耐心、细致的工作作风投入其中，只有这样，才能真正地帮助学生健康成长。

【经典链接】

1. 要散布阳光到别人心里，先得自己心里有阳光。——罗曼·罗兰

2. 人性最深层的需求就是渴望别人的欣赏。——威廉·杰姆斯

3. 要把教育化成"春风风人，夏雨雨人"。——陶行知

4.请记住，每个儿童都是带着好好学习的愿望来上学的，这种愿望像一颗耀眼的火星照亮着儿童所关切和所操心的情感世界，他们以无比信任的心情把这颗火星交给我们——做教师的人，这颗火星很容易被尖刻的冷淡的态度所熄灭。——苏霍姆林斯基

5.错误本身是"达到真理的一个必然环节"，"由于错误真理才会发现"。——黑格尔

第二节　相信学生

【导语】

苏霍姆林斯说："对人的热情，对人的信任，形象点说，是爱抚、温存的翅膀赖以飞翔的空气。"当学生步入高中校门的时候，他们的生理特点是身体发育相对较快，男女性征基本成熟。心理特点是自我意识强化表现出强烈的自尊心和自信心，迫切要求人格独立与选择的自由。家庭教育往往忽略了处于青春末期孩子的这种心理变化，教育方法依然故我，孩子和家长之间的关系十分紧张，孩子对家长极其反感，甚至出现语言和肢体的冲突。面对这种"心理断乳期"教育现实和这样"叛逆"的教育对象，作为教育工作者的我们如何把握学生心理，使学生迅速适应高中生活并让学生的身心得到全面的健康的发展，如何调节学生和家长的紧张关系以期达到家校合作，共同管理的目的，这是高中班主任首先要解决的问题。班主任对待这样特殊的群体，要充分地相信学生。

教师要相信学生的为人品质，要相信学生的学习能力，要宽容学生的

情急之下的谎言。

一、相信学生的为人品质

苏霍姆林斯基说："教师要像对待荷叶上的露珠一样，小心翼翼地保护学生的心灵。晶莹透亮的露珠是美丽可爱的，却又是十分脆弱，一不小心露珠滚落：就会破碎不复存在。学生的创造心灵，就如同露珠，需要教师和家长的倍加呵护。"教师必须相信"人之初，性本善。性相近，习相远。"孩子们无论多么的叛逆，他们的本性都是善良的。这样班主任对孩子们的爱、信任和赏识才能是发自内心的，才能更有效地保护好孩子们脆弱而敏感的心灵。

苏霍姆林斯基说过："爱，首先意味着奉献，意味着把自己心灵的力量献给所爱的人，为所爱的人创造幸福。"教育的最高艺术就是爱，只有班主任心中充满对学生的爱，才会相信学生们，才会去赏识他们。

相信学生的为人品质，就要把班级的管理工作完全地交给学生自己。

(一)建立健全班级干部队伍

班级的管理工作，不是靠班主任一个人就能够完成的，建立健全班级干部队伍是一个班级组建伊始的首要任务。班主任在开学的军训中就应该发现并考察每一个学生，了解他们的性格和为人处世的方法，为选拔班级干部做第一手准备，并任命临时负责人。接下来的一个月中，班主任对班级干部的考察更应紧锣密鼓而且方式多样，主要考查学生责任感和对班级和同学的热爱程度。一个月后班级干部队伍确立。班级整体负责班长一名，纪律、卫生、学习、体育、劳动、文艺、宣传等方面班长各一名。班级干部确立之后，班主任就要从班级的微观管理中抽出身来，对班级进行宏观布控。班主任一定做到"用人不疑，疑人不用"。把班级的管理还给学生，让学生们学会自我管理。

班级干部队伍建立起来之后，班主任把课堂管理的权利交还给学生。课堂上总是会有一些突发事件产生，这些突发事件都由班委会处理。原则是保证课堂正常教学秩序，保证老师的权利不受侵害，保证学生学习的权利不受侵害，保证犯错误的同学能正确认识自己的错误。请参看案例链接。

（二）把班级活动还给学生。

长春实验中学对学生身心健康发展相当的重视，为学生提供各种锻炼能力的机会。学校根据学生的爱好组织各种社团，在不同时期组织不同的活动。例如，在开学之初举行校园歌手大奖赛、净月徒步节、采摘节、大型团体操比赛等等。活动的举办无疑是让学生的身心放松，在活动中增强班集体的凝聚力和战斗力。对于名次班主任一定不可以热衷，活动是孩子的活动，班主任把活动的过程和权利都要还给学生。班主任在活动中的一个重要任务是相信孩子们的能力，相信孩子们的集体荣誉感，相信他们无论结果如何，他们都尽了全力了。另一个重要任务是在活动中抓住契机，转变学生的心理和行为习惯。在9月份的大型团体操比赛中，班级的最大收获就是学生季琦的转变。季琦的父母离异多年，单身母亲带着他过。这个孩子课堂特别爱说话，怎么说都没用，而且影响能力特别强，任课教师反应强烈。但这个孩子看人时总是怯怯的，这样的孩子我也很头疼。9月份学校举行广播操比赛，一个班一个班到预定的地点等待检阅，他在队伍中手舞足蹈，我到他跟前一看他在组织学生，告诉他们要走齐。他的行为让班级队伍无法整齐。我们班团体操的名次并不理想，我知道孩子们都努力了，真的努力了。比赛之后总结的时候我表扬了所有的孩子，比赛不在名次如何，关键

中学班主任与学生有效沟通的技巧

是为了集体的荣誉大家都努力了。同时我说："今天我们班虽然没有取得好名次，但老师的发现比名次重要多了。老师在这里向季琦同学道歉，老师一直以为季琦不爱我们的班级，没想到他集体荣誉感竟然那么强烈。季琦老师在这里向你保证，以后绝不恶言恶语的对你。"之后季琦被任命为总寝室长，男生寝室管理小有成绩。现在看人时目光是那么的自信，并刻意地控制自己的行为。相信孩子的为人品质可能在不经意间，孩子的一生都发生了重大的转变。教育家赫尔巴特有句名言："教师的爱是滴滴甘露，即使枯萎的心灵也能苏醒；教师的爱是融融春风，即使冰冻了的感情也会消融。"

（二）把班级的日常管理交还给学生

当有人赞美梅贻琦治校有方，他谦虚地说："贻琦生长于斯，清华实尤吾庐。就是有一些成绩，也是各系主任领导有方。教授中爱看京剧的大概不少，你看戏里的王帽，他穿着龙袍，煞有介事地坐着，好像很威严很有气派，其实，他是摆给人看的，真正唱戏的可不是他。"这表现了梅贻琦校长的大家风范，但同时也告诉作为教育者对学生的管理，一定要放手，相信学生，让学生成为自己生活管理的主人。在班级日常管理上，各位班长各司其职，制订《细化评分量表》。班长把任务细化到每个组，各组再把任务细化到每个人，月底学生自行统计分数，表扬和惩罚并行。"人人有事做，事事有人做"，这是班级管理的最佳状态。

"皮格玛利翁效应"留给我们这样一个启示：赞美、信任和期待具有一种能量，它能改变人的行为，当一个人获得另一个人的信任、赞美时，他便感觉获得了社会支持，从而增强了自我价值，变得自信、自尊，获得一种积极向上的动力，并尽力达到对方的期待，以避免对方失望，从而维持这种社会支持的连续性。赞美、信任和期待是班主任对学生管理的更高层次。

课堂突发事件处理案例

一次课上,一个同学看课外书被任课教师发现。任课教师要求学生把课外书交出来,这位学生死活都不承认他看了课外书,而是把教材从书桌里拿出来交给老师。老师真的很生气。僵局马上形成,十三位班级干部都站起来向老师道歉:"老师,对不起。您别生气,老师错在我们。"其他同学一看班级干部这样做了,马上劝那位同学向老师道歉。在强大的舆论压力下,"坏蛋"同学站起来向老师道歉,并把课外书交给了老师。课后,班级干部又做"坏蛋"同学的工作,领着他到老师办公室向老师诚心认错。班级干部及时反省自己对班级管理中存在的问题,提高处理课堂突发事件的能力。

二、要相信学生的学习能力

学习能力是指学生通过教师指导而掌握科学的学习方法,也就是通常所说的"会学",所以学生只有懂得"会学",才能不断地提高学习能力。著名的心理学家、教育家布鲁姆告诫我们:"只要提供了适当的前提和现实条件,几乎所有的人都能学会一个人在世界上所能学会的东西。"长春市实验中学在充分了解和相信学生的基础上,变学生的"学会"为"会学",进行教学实验改革,即学生职业生涯规划和五步导学法。

"职业生涯规划"教育目的是让学生了解自我,明确目标,自主学习,全面发展提供明确而有意义的指引。大仲马说:"生活没有目标就像航海没

有指南针。"学生走进职业生涯规划课堂,通过"气质自我测试量表"确定自己的气质类型,根据"气质与职业的匹配量表",明确适合自己的职业和不适合自己的职业,确定多个职业取向;通过"职业兴趣测试"帮助学生了解自己的职业兴趣;通过"职业倾向性测试"帮助学生了解自己的个性特点。通过这些测试,学生确定自己的大学专业方向,根据专业方向和自己的学习成绩选择大学。有关大学的所有信息校园网共享,如院校专业详细目录、院校国内排名、所在城市、招生分数线、办学特色、校园文化等等。之后填写"学生自我评估与分析表","学生自我评估与分析表"每一学期填写一次,根据自己的实际情况适当调整自己的目标大学。人生的海洋宽广而深邃,有了目标,有了明确的生涯规划,才不至于走向迷途,不至于在惊涛骇浪里不知所措。明确人生愿景会让每一名学生产生实现自我的冲动和激情,激情产生才智,激情就是动力,有了激情成功在即。

长春市实验中学通过职业生涯规划课让学生们"多一份目标和希望,少一份盲目和迷茫;多一份兴趣与激情,少一份焦虑与痛苦"。

与职业生涯引领同时进行的是"五步导学法"课堂。五步导学法的核心是突出学生在整个教学过程中的主体地位;目标是激发学生的学习愿望,养成学生自主学习的兴趣与习惯,提升学生自主学习的能力。怎么强化自主呢?经过反复论证,"五步"确定为"创设情境、明确目标;自主学习、个性指导;合作释疑、互助研讨;精心点拨、启发引导;巩固训练、整理提高"的"课堂教学五步导学法"课堂教学模式,变教师的"教学"为"导学",变学生的"学会"为"会学",实现学生的自主知识建构。典型课需要逐步实现五步导学的课堂教学模式。

(一)创设情境、明确目标(5分钟)

1. 通过建立新旧知识的联系、与生活实际的联系,恰当创设学习情境,激发学习热情。(缺失或者过度都不可以,物理一个例子能说明就不能简单重复)高一、高二的新课复习十多分钟,这节课教学任务完不成,占下节课去练习,去巩固,这违背教学规律。

2. 精研课标、考纲,细化教学目标任务,任务突出重点,兼顾一般。学生能不能自主学习,必须找准问题,问题的难易程度,问题的覆盖面,问题是不是突出重点。

3. 能够把知识点细化为清晰的问题;通过多媒体、学案、教材、板书显示学习的任务。可以一次性显现,亦可以呈现到哪儿,学生学习到哪儿。

4. 明确自主学习的时间。

5. 明确如何检测。

特级教师林华民举一位语文老师要求学生读课文的指令是,同学们下面自学课文。然后她就开始站在讲台,指令不清楚。

另一位:同学们下面请阅读课文第五项第三自然段,指令明确一些,但还要继续说,3分钟后老师将指定某个小组回答我打出的三个问题。然后开始逐桌检查,调整个别同学的不良状态,指导需要帮助的学生。

(二)自主学习、个性指导(5—15分钟)

1. 自主阅读:养成带笔读、画、批、写的习惯,并让阅读过程问题化。

2. 独立思考:注意保持学生思维的长度与深度。

3. 学会归纳:学会抓住主要问题,对教材内容进行概括和梳理。

4. 关注习惯:走到学生中间,关注每一名学生自主学习的习惯。

5. 分层要求:指导基础薄弱的学生完成基本任务,给学优生下达进一步的指令。

(三)合作释疑、互助研讨(5—10分钟)

1. 培养学生标记疑问点的习惯。

2. 备课及教学中找准疑问点：书上的思考与探究，必须高度重视，注意临界点知识等。

3. 要精心分组：建议前后桌四人为一组、明确小组长等。

4. 要培养研讨的习惯：善于培养与调动学生参与研讨的积极性和有效性。

5. 教师应深入到学生中调查、了解学情。发现问题、及时引导、适当指导。

（四）精心点拨、启发引导（5—10分钟）

1. 对学生的疑惑启发引导，引导可采取个性与共性相结合的方式进行。

2. 对小组研讨形成的共识加以梳理，对小组未解决的问题集中加以解决。

3. 导学要惜言如金，惜时如金，做到目标简约，指令清晰，过程简约，善于归纳。讲得精练，才能有总结、练习的时间。

（五）巩固训练、整理提高（5—10分钟）

1. 精选习题：处理好书后习题，并有效变型；紧扣重难点，不能面面俱到。

2. 讲评与批改相结合：倡导学生互批互改。

3. 指导学生当堂在教材上标注与填充，并养成课后自主整理知识要点的习惯。教材与学案结合，我们要看学案的实用性，之前我们要用好教材。

4. 定期评选并展出优秀整理笔记、教材和优秀试卷。习惯特别重要，没有好的习惯讲得再多也没有用。

落实五步导学法要做到"不看不讲"、"不议不讲"、"不练不讲"。不看不讲，看后再讲：问题明确以后，一定让学生先阅读、先思考，学生能自主完成的，老师一定不能越俎代庖（新课程卷大家都觉得不难，但变型后学生就读不准确，老师明白没有用，学生会读才可以）。不议不讲，临界点的知识让学生先研讨，做到"不愤不启，不悱不发"（听同样一节课，问题有些难度，一个老师说完就让学生答，费时3分钟，大部分学生不会，另一个老师让学生先研究2分钟，再引导1分钟，效果非常好）。不练不讲，练后再讲，才能抓住学生对知识的疑惑点，抓住学生的易混易错点。不练不讲（包括老师，做了很多低效劳动）。

要让学生拥有"五种课堂权利"：通过下放学习时间让学生拥有自由阅读课文的权利、独立思考问题的权利、自由质疑和相互释疑的权利、获得教师个性化指导与激励的权利、自我整理知识的权利。

要落实好"两个凡是"：凡是学生能够自己完成的事，教师绝不替代，凡是属于学生自由学习的时间，老师绝不占用。学生能够自学的课文、能够独立思考的问题、能够合作解决的困难，教师就放给学生。教师要克服"对自己过分自信、对学生缺乏信心"的问题，放心、放手地让学生真正成为课堂学习的主人。

美国教育心理学家古诺特博士写道："在经历了若干年的教师工作之后，我得到了一个惶恐的结论：教育的成功和失败，'我'是决定因素，"我"个人采用的方法和每天的情绪上造成学习气氛和情境的主因。身为老师，我具有极大的力量，能够让孩子们活得愉快或悲惨，我可以是制造痛苦的工具，也可以是启发灵感的媒介，我能让人丢脸也能叫人开心，能伤人也能救人。"教师的立身处世对学生的影响至关重要。学生有的是金融市场的"潜力股"，升值空间巨大。班主任要相信学生的学习能力。

中学班主任与学生有效沟通的技巧

【案例链接】

确立切合实际的人生目标

刚刚升入高中时，对学生进行一次调查即三年后你想考哪一所大学，百分之六十的同学不知道，百分之二十左右的同学要问妈妈，剩下的同学基本上都是清华、北大，最低的也是吉大。"职业生涯规划"开课之后，所有同学都有了目标，但目标颇高。一学期之后，学生选择大学的目标更切合实际了，学习劲头更足了。

三、宽容学生情急之下的谎言

古龙说："说谎的目的，如果不是为了要讨好对方，就是为了保护自己。如果你根本看不起一个人，就没有对他说谎的理由，又何必再说谎？"我们从这里不难理解学生说谎的原因了。

学生对老师说谎更多是为保护自己。在中国现行教育体制下，学生与班主任之间或多或少地都存在些敌对的关系。很多学生都体会班主任手段的厉害，班主任在对待犯错误的同学为达到"杀一儆百"的效果，处罚过于严厉，"急症"需"猛药"，看似"药到病除"，实际上，学生对班主任产生惧怕、躲避进而欺骗，在高压之下学生选择了说谎。

另外，班主任为解决学生问题，违背和学生曾经许下的承诺。学生是很相信班主任，有很多秘密都想对班主任倾诉，不希望家长知道。但有时班主任为和家长共同解决问题，不经意间将学生的秘密告诉了家长，学生身心都受到伤害，对周围人尤其是对班主任产生不信任的感觉。从某种意义上说，学生的"谎言"是被逼出来的。说谎是马斯洛学说中"安全的需要"，是一种本能的自我保护。

其次，学生是为讨得班主任的欢心。中国几千年的"师道尊严"传承下来之后，在尊师重道的氛围的渲染中，学生从心里对老师充满了敬畏之情。在学生们眼里老师像上帝一样。另外，学生从上学开始，他们和老师生活在一起的时间甚至比和父母在一起的时间都长，班主任是他们生活和学习的领路人，他们怎么能不讨好老师呢。再有，老师无论在人品和学识上，都让孩子们信服甚至是崇拜，他们也没有理由不讨好老师。

综上所述，学生的谎言很大程度上都和班主任有关系，班主任应学会理解和宽容学生的谎言。班主任要想消除学生的谎言，就要取得学生的信任，得到学生的"真话"，就应不断改进班主任的工作作风。

1. 班主任对待犯错误的同学时，一定得摆正心态，本着让学生明辨是非，帮助学生纠正学生，进而养成良好的学习和生活习惯的原则，而不是要收到敲山震虎的效果，那样对当事的学生是不公平的。班主任一定要就事论事，别牵扯太广，对学生的身心发展不利。

2. 班主任在处理学生问题时，一定要"晓之以理，动之以情"，要用细腻的情感感染学生，要让学生感受到班主任是那么的爱我、心疼我，因为我的错误让班主任感到内疚、自责，甚至班主任在教育学生之前可以承担自己在教育上未预见的责任。泰戈尔说："虚伪的真诚，比魔鬼更可怕。"班主任的自责一定是真实诚恳的，让学生学会真诚、学会承担。

3. 班主任对待"惯犯"时，一定得沉着冷静，爱说谎话的孩子是可怜的，在他们成长的过程中，或受过不公平的待遇，或者一直被冷遇，孩子的心理或产生阴影或形成心理障碍，如果没有理由谁愿意说谎。对这样的孩

子，班主任的心中要有怜悯、同情，更要有爱。解决问题不可急于求成，设计方案，按照步骤有条不紊地进行，爱可以融化任何错误的坚冰。

4. 班主任不可轻易对学生许下承诺，如若有过承诺，一定得记得并坚守承诺。孩子只希望你知道的事，你听到的话，到班主任这里就一定得埋在心底里。别重复"特洛伊国王的山羊耳朵"的故事。培根说："人与人之间最大的信任就是关于进言的信任。"班主任的威望可能成于此，也可能败于此，班主任千万慎重。

5. "尊其师，信其道。"班主任不仅教育学生，更应在行为上影响学生。班主任的言行一定要真诚、高雅、文明、洒脱。班主任要让学生在心理上认可自己，身教胜于言传。

总而言之，学生多大都是孩子，他们的言行都不够成熟。班主任一定以关爱孩子的成长为目的，对学生多关心，少指责；多思考，少抱怨。班主任与学生互相信任时，谎言就没了生存的土壤。

【案例链接】

他哭得很伤心

他叫夏挺，一个坚强的男孩。期中考试重新分班，夏挺分到她的班级。来到新班一个月左右，他用很恶毒的语言冲撞了班主任。班主任很生气。"夏挺是个善良懂事的孩子，这是怎么啦。"班主任冷静下来想。她决定平心静气地和夏挺谈谈。夏挺只是不住地向班主任老师道歉。其余的什么也不说。班主任很是知趣，也就不再问孩子啦。她只是对夏挺更关心些。她凭着多年的班主任经验，知道夏挺一定有过特殊的经历。她的爱感化了夏挺，夏挺主动找班主任。

他给班主任讲了一个故事：他有个叫刚的同学，父亲在没和母亲离婚时就和别的女人有了孩子。刚很痛苦，又不想让同学知道，就把这事和班主任说了。第二天，他上学时，同学们都用异样的眼光看着他。他从此不仅不再相信班主任，周围的人他也都不相信。夏挺讲完后，问他的班主任："世间还有可相信的人吗?"夏挺哭了，哭得很伤心。

第三节 认可学生

【导语】

苏霍姆林斯基说："教育的任务首先是了解孩子，而为了了解孩子，就应该不断地观察、研究。不了解孩子，不深刻注意发生在他们内心深处的复杂活动，我们的教育就是盲目的，因此也就是没有意义的。"

现在的学生由于社会、家庭等各种原因千差万别，教师所面临的教育情境千姿百态、教育内容千变万化，因而教师成为特殊形式的艺术家。必须根据具体的教育对象、教育情境和教育内容因人而宜、因地而宜、因时而宜，创造出适宜的教育方法。作为教师，尤其是班主任教师必须对学生倾注真挚的感情、施以无限的关爱，与学生建立起亦师亦友的关系是班主任工作取得成功的关键，所谓亲其师，方能信其道。

在《理解教育论》中有这样一句智慧锦言："理解学生，认可学生，教在心灵。"可见，理解并认可学生不仅是决定教育成败的一个要素，而且也是教育实践对教师的理性要求。然而应如何认可学生呢? 我认为应从以下几个方面着手：

一、张扬学生的优点

有一种很简单的教育方式，它能满足学生的这种渴望，让学生保持一份良好的心境和状态，并感受到阳光般的温暖，使其满怀信心和希望，那就是——认可！

认可学生，是教师发自内心的对学生的尊重；认可学生，可以让学生体验到教师对他的关注和关怀；认可学生，可以帮助教师赢得学生的信任和喜爱。

古人云："良言一句三冬暖。"赞美学生，可以让学生获得情融融、意切切的心灵感受，这种感受会转化为积极向上的原动力，燃起学生的希望之火，唤起他们的进取心。所以，赞美是教育的秘诀，它可以使一个平庸的人变得伟大。正如丘吉尔所言："你想把他培养成怎么样优秀的人，你就怎样去赞美他。"

今天的教师，应该学会赞美。因为学生就像荷叶上的露珠，虽晶莹透亮，但容易破碎。作为教师要关爱他们的成长，要用欣赏的眼光关注他们的每一点进步，用喜悦的心情去张扬他们的每一点成功。唯有赞美，才可以点燃学生智慧的火把，使其扬起自信的风帆。

"三人行，必有我师焉"。这说明每个人都有自己的长处，每一个学生都是多姿多彩的，即使是后进生，也有自己的长处，只是他们的长处暂时相对少一点，或不容易被人发现。这就要求教师细心，有较强的洞察力，善于捕捉学生身上的"闪光点"，哪怕是稍纵即逝的光亮，也要把它挖掘出来，使之发扬光大，从而扬长避短，促进转化。教师要用多视角的眼光看待充满生机活力和个性化的学生，要多角度全方面地评价学生，要适时地张扬学生的优点，为学生成长创设一个理想的心理环境，多给学生掌声和喝彩，让每一个学生都抬起头来走路。

希望得到赞美和激励，是人们内心深处一种根深蒂固的美好意愿。学生需要激励，激励是激发能力的导火索，能点燃学生心中的火炬，找到做人的自信和奋斗的航标，但是，作为教师，如何激励学生、张扬学生的优点才能获得理想的效果呢？

很多教师习惯用名人名言来激励学生。这些话语虽然充满丰富的哲理，催人奋进，但被激励者由于思想和知识基础不同，可能觉得内容空洞而很难接受。事实上，对学生的激励应大处着眼，小处着手，让激励在具体和细微中升华。其实，教师可以换个思路激励学生。

教师在教学过程中应尽量寻找机会与学生交流，交流时应该低下头，弯下腰，拍着学生的肩膀。学生在课堂上正确回答出老师的提问时，教师应该毫不犹豫的跷起大拇指或做出动作。每一次眼神的接触，每一次身体的靠近，每一次微笑，每一个细微的手势，学生都能从中寻找到信心和力量。这里虽然没有豪言壮语，但朴素而简短的激励，却在具体和细微中得到了升华，且在很大程度上改变着学生。

罗丹说："美是到处都有的，对于我们的眼睛，不是缺少美，而是缺少发现"。作为教师，我们不妨用两只眼睛去看学生：睁大一只眼睛去发现他们的长处，眯缝一只眼睛去看他们的不足。其实，我们眼里的学生都是平等的，是各有所长的，只要我们在教学生活中多加留心，他们一定会展现自己最为真实的一面，或勤勉、或真诚、或勤劳，或乐于助人⋯⋯

今天的教师，要舍得赞美。说到底，赞美就是一种赏识教育，是一种感情投资，是催人奋发向上、积极进取的"爱"的教育。教师要把张扬学生当

成教书育人的一剂良药，只要充分发挥它的激励功效，科学地用好它，就能在教育这一片广阔天地中有所作为，就能挖掘出学生的潜能，为社会培养出大批优秀的人才！所以，教师不要吝啬自己的赞美！

【经典链接】

芸芸众生，孰不爱生？爱生之极，进而爱群。——秋瑾

欣赏别人，更是一种气度，一种发现，一种理解，一种智慧，一种境界。

认可赞美和鼓励，能使白痴变天才，否定批评和讽刺，可使天才成白痴。请永远不要否定不要批评不要讽刺，请相信所有人都重要，请记住佛向心中求。

时时用使人悦服的方法赞美人，是博得人们好感的好方法。记住，人们所喜欢别人加以赞美的事，便是他们自己觉得没有把握的事。

要改变人而不触犯或引起反感，那么，请称赞他们最微小的进步，并称赞每个进步。——卡耐基

赞美是美德的影子。——塞·巴特勒

赞扬是一种精明、隐秘和巧妙的奉承，它从不同的方面满足给予赞扬和得到赞扬的人们。——拉罗什夫科

赞扬，像黄金钻石，只因稀少而有价值。——塞缪尔·约翰逊

称赞不但对人的感情，而且对人的理智也起着很大的作用。——列夫·托尔斯泰

二、理解学生的友情

友谊是天地间最可贵的东西，真挚的友谊是人生最大的安慰。有位伟人这样评价友谊的重要性："得不到友情的人将是终身可怜的孤独者；没

有友情的社会，只是一片繁华的沙漠。"如果把友谊比作一棵常青树，那么，真诚、热情、互尊、宽容、关爱等就是它繁茂的枝叶。

我认为，中学时代形成的友谊，是人生中最可宝贵的友谊。将来长大了，各自东西，分在不同的单位，彼此之间没有根本的利害冲突，心里的话可以互相倾吐，不用担心可怕的后果，这种友谊，可以维持终生。我的几个知己之交，都是中学时代的同学。所以，作为一个班主任，必须珍惜学生之间的友情，还要在班会上，或者其他的场合，真心实意地向学生反反复复地表明自己的观点。

但在教学实践中常常看到这样的现象：老师请来家长，很神秘地告诫家长："你的孩子，本来是很好的，就是跟某某一起玩，变坏了"。

于是，老师和家长联合起来，开始"挽救"这个开始学坏的学生。把他叫到办公室里，老师、家长、学生一起定规矩，做保证：不许跟某某一起接触。保证是做了，可是学生明的不在一起玩，暗的在一起玩。在校不在一起玩，校外照样一起玩。甚至由于外力的作用，学生之间的友谊更加牢固了。这种情况被老师察觉了，班主任又是请家长，又是请学生，周而复始地忙碌一番，但往往收效甚微。

更有甚者，班上有几个学生很要好，往往被有的老师斥之为X大金刚，X妹妹。这种提法本身就是错误的。于是班主任为了挽救这些学生，开始了辛勤的工作：分化、瓦解、各个击破、攻心战等等。而这种辛勤工作的结果却是：这几个学生扎起把子来跟班主任对着干，把班主任搞得焦头烂额。什么叫逆反心理，这就是逆反心理。你不许他们一起玩，他们偏偏要在一起玩。而且作为报复，他们扎起把子跟班主任对着干，出老师的洋相，以寻求刺激。

从我读书、到我教书，从来没有发现一对学生朋友被老师强行拆散

过，除非是他们之间，互相觉得自己上对方的当，受到对方的骗，自行散伙。

有人会说，既然这样，学生之间相好，我们就不横加干涉了。不，听之任之，放任自流做法只能说明班主任的工作没有尽责任。如果你发现几个学生很要好，可以分别、也可以一起把他们找来谈话，鼓励他们把友谊发展下去。然后分别指出他们的长处和不足，要求他们学习对方的长处，克服自己不足。最后，希望他们互相帮助、互相勉励，用友谊来支持自己完成艰苦的学业。对学生的个别谈话，只有在这种情况下，学生才愿意听，教育才有一定的效果。

在原来所带的班中，高二时，发现班级有八个女生很好。其中三个成绩很好，两个成绩一般，三个成绩差。她们互相记得各自的生日，在班上公开赠送生日礼品，这是学生表明自己在班上有地位的一种做法，也是表现自己的一种方式。在班上造成一定的影响，很多学生以没加入这个友谊团队而自卑。我没有理会，等她们自我满足够了（工作必须从这个时候才开始，做早了是干涉，惹得学生不愉快。什么是自我满足够了？其标志是一切平息下来），先找三个成绩好的学生，首先肯定她们的友谊，然后请她们帮帮我的忙，帮助一下那三个成绩差的。之后找来三个成绩差的学生，照样是肯定她们的友谊，然后请她们以友谊为重，希望她们向三个成绩好的同学学习。最后，把她们一起找来，鼓励她们以友谊为重，互帮互学，共同进步。每次谈话不过五分钟，总共才耗费了我一刻钟时间，而这一连串工作的效果非常好。

这才是各个击破，当你把学生团伙一个个地纳入班集体的正常轨道时，班主任的工作会变得非常顺心。

尊重理解了他们的友情后，再教育学生如何培养正常交往友好相处的能力。

我对学生说，其实人与人之间不会自然而然地产生友谊，真挚的友谊更是用心培育的结果，它需要我们每个人都付出自己的努力。

以真诚换取友谊。真诚是做人的一种高贵品质，也是交友成功的基本前提。在建立和发展真挚友谊的过程中，真诚最重要，我们应这样表达自己的真诚：

第一，要尊重朋友。就是要学会彼此平等相待，有事一起讨论、商量，不把自己的意愿强加于对方。还要懂得维护对方的自尊心，不说伤害朋友自尊心的话，不做伤害朋友自尊心的事。

第二，要坦诚相见。友谊是心与心的互相沟通和交流，它容不得虚情假意。

第三，要言而有信。以热情培养友谊，热情是滋养友谊之树常绿的雨露和阳光，缺少热情，友谊之树就会枯萎。

以宽容维护友谊。"世界上最广阔的东西是海洋，比海洋更宽阔的是天空，比天空更宽阔的是人的胸怀。"这是法国作家雨果形容人应该具有的心胸。

以原则纯化友谊。友谊最高意义在于能使我们获得一种向上的精神力量，因此与原则相连。讲原则，友谊才会更加纯洁；不讲原则，友谊必受到玷污。

在发展真挚友谊时，男女同学应以恰当方式表达同学友谊。

第一，自然地、落落大方地进行男女同学之间的交往，以平常的心态进行交往，建立纯洁友谊。

第二，交往时男女同学都要学会尊重对方。如人格、意愿、不随意干扰别人的生活和学习等。

第三，交往时男女同学都要学会自爱。爱护自己的尊严和名誉，珍惜自己的人品和人格。懂得保护自己，懂得自爱，才能赢得对方的尊重和友谊。

"友情教育"能让学生体验到人与人之间的平等、尊重、信任、友善、理解、宽容与友爱，帮助他们形成积极的、向上的人生态度和情感体验，为他们的心灵导航，为他们的成长加油。

【经典链接】

世间最美好的东西，莫过于有几个头脑和心地都很正直的严正的朋友。

——爱因斯坦

和你一同笑过的人，你可能把他忘掉；但是和你一同哭过的人，你却永远不忘。

——纪伯伦

单独一个人可能灭亡的地方，两个人在一起可能得救。——巴尔扎克

君子之交淡若水，小人之交甘若醴。君子淡以亲，小人甘以绝。

——（战国）庄子

若知四海皆兄弟，何处相逢非故人。——陈刚中

投之以木瓜，抱之以琼瑶。匪报也，永以为好也。——《诗经》

没有彼此的敬重，友谊是不可能有的。——（苏）马卡连柯

人的生活离不开友谊，但要获得真正的友谊并不容易，它需要用忠诚去播种，用热情去浇灌，用原则去培养。——（苏）奥斯特洛夫斯基

友谊不用碰杯，友谊无需礼物，友谊只不过是我们不会忘记。——王蒙

三、认可学生的不同选择

在日常教学工作中，我们常会遇到很多的事情的做法、处理方法与学生会有很大的分歧，原因是不尊重学生的选择。

我们经常会碰到这样的事：有时候教师在下课铃响了以后，为了要把自己的教学任务完成，就拖了一点时间，而下面的学生大多表示出不耐烦的表情，甚至高声制止老师别讲了。但大多数上课老师并没有理会，而是站在自己的角度考虑：我是为学生好。大家都觉得自己有理，进而搞得师生关系不和谐。

面对这种情况，教师要学会用"移情"的方式，换位的角度思考，学会寻找"黄金分割"点，即尊重学生的感受，认可学生的选择，从而客观认识存在的问题，有效地解决问题。

1. 尊重孩子的兴趣选择

上兴趣班是眼下培养孩子的热门，选择哪个班，该兼上多少门课，我这个当过教师的人，对此却不以为然。我的看法是，孩子的兴趣是第一位的，孩子不愿意的就不要勉强；低年级的可尝试学音乐书画，他们较易接受；中年级的如果孩子不反对，不妨学学写作。这些东西对升学或者帮助不大，但可提升人的智趣、审美和思维能力，让孩子终身受益。至于别人热衷什么忙碌什么，大可不必跟风。

有些家长把某些课外学科当作成才捷径或升学"秘笈"，逼迫孩子攻读，以致费时耗钱、半途夭折的事，我见过不少。

有家长请人搭门路给孩子买钢琴，说培养孩子向音乐发展，但她家人及亲友中，无人懂得琴乐之术，请老师家教也非她钱包所能支付，光凭兴趣

班那点"三脚猫"功夫,根本不顶用。琴是买了,可不到一年,钢琴成了废弃的摆设,孩子早已失去兴趣。

有朋友的孩子语数成绩不佳,母亲看到他整天就爱涂涂画画,便想培养他学画。丁俊辉不是没读多少书吗,他读书成绩肯定不好,但桌球技艺精湛一样能出人头地。孩子被送去学画,周末的时间大部分耗在绘画班里,结果画没画成,语数又失去追赶的时间,成绩每况愈下。

不少父母望子成龙心切,不顾孩子的性格、气质和兴趣,以自身眼光给他们设计成才之路,以为只要舍得投资,自小培养,孩子就会飞黄腾达,结果往往事与愿违。

鲁迅的那篇《我们现在怎样做父亲》,仍然值得一读。他说:"孩子的世界,与成人截然不同,倘不先行理解,一味蛮做,便大碍于孩子的发达。"而"先行理解"的,应是孩子的性情、爱好和特长。只有充分了解之后,从中发掘他的潜力,才有可能找准孩子成长的天赋之道。一厢情愿地赶鸭子上架、扶驴上桥,不是教子成才应有的科学态度。

我曾对人说过西晋左思的故事。左熹一心要让儿子左思成为书法家,请来名师主教,左思却毫无兴趣,死写滥画不成气候。左熹转而让儿子学弹琴,左思缺少必要的领悟能力,学了许久也弹不出像样的曲子。父亲这才发现,儿子内向多思,偏爱文学,便让他改学诗赋。结果左思如鱼得水,小荷露角,最后成为文学名家。

今天也不乏这样的事例。歌星张也少时遵父母之命学习舞蹈,但学了很久表现平平,却对唱歌表现出浓厚兴趣和不凡天资。父母让她改学歌艺,成就了今天的张也。

2. 尊重学生的学法选择

记得有位小学数学老师教授《正方形周长》这一内容时对我的启发特

别大，印象特别深。教学中，他通过让学生们回忆长方形的特征、周长的计算方法，然后让学生观察正方形的特征，学生很快就发现正方形的四条边一样长，并把每条边的长度命名为边长。接着让学生用手比画出这个正方形的周长在哪里，使学生明确四条边的总长度就是这个正方形的周长了。

此时，一切水到渠成，老师设问：现在哪位同学能很快说出这个正方形的周长是多少？生静悄悄地，突然有个学生说："老师，你能帮我量一下这个正方形的其中一条边的长度吗？"老师故意惊问："为什么要量呀？"这回学生活跃开了。"不知道边长的长度，算不了的。"老师尊重学生的意愿，量出边长是1分米。顺势问："还想量哪条边？"生说："不用了。量一次就可以了。"师问："为什么呀？"生高兴地说："正方形四条边一样长，只要知道一条边的长度，其他的都一样。""好吧，那现在你们总可以帮这个正方形计算一下它的周长了吧？试试看谁的方法最灵巧。"最后学生上台演示，并且能主动推导出相应的周长公式：①正方形周长＝边长×4＝1×4＝4分米②正方形周长＝（边长＋边长）×2＝（1+1）×2＝4分米③正方形周长＝边长＋边长＋边长＋边长＝1+1+1+1＝4分米。面对上面各式各样的算法，我不得不佩服孩子们的智慧呀，教材里面并没有概括出周长的公式，可是学生们却自己创造出独特的公式，足以表现了孩子们思维的灵动性。得出方法后，老师又采用了民主选择的方法，让学生与同桌说说"你最喜欢用哪种方法？"在汇报的过程中，有个学生问我："老师我喜欢用第一种，又想用第3种可以吗？"我想知道她的意图，就问："为什么呢？"她说："第一种方法简便，但是有时候当边长是两位数×4时，我们还不会算，这时候我只能用第3种方法了。"听了她的话，我赞赏地说："哇，你太聪明了，懂得灵活使用方法呢！"

此时此刻，全班不由自主响起一片掌声。这一幕，让我体会到学生是学习的主人，教学中，这位数学老师顺应了学生的要求，尊重了学生的选择

. 我不禁为她叫好！有人曾经担心，让学生进行学习选择，学生是否拣轻避重，偏离了教学的重、难点，难于完成教学任务。这样的担心是有道理的，但这个学生的选择告诉我们：在不断的学习选择中，学生逐渐形成了学习能力。这个学生选择的学习方法，不也正是本课的中心所在吗！学生对学习充满了自信，提出的问题也与老师设计的八九不离十，他们能说出自己学习的困惑之处，强烈地渴求自己得到正确答案，一展自己的风采。这是他们全身心投入、执着的一种探索精神，更值得我们去珍惜。也许刚开始尝试时，孩子们会出现一些幼稚可笑的问题，但是只要我们从心底里认可他们，理智地尊重他们的差异，智慧地加以点拨引导，在这过程中，你就会发现他们的潜能是无穷的，我们要做的只是为他们创设挖掘他们生命潜能的平台。

老师绝不能强迫学生按照自己的意愿去做事，要让学生自由选择，勇敢面对实际生活中的各种变化因素。课堂上，教师要多与学生交流，让他们敢说、敢想、敢做，这不正是新理念下对教师角色的转变吗？

尊重学生的做法，认可学生的多方选择吧，认可他们的交友选择、学法选择、兴趣选择、文理学科选择、高考志愿选择等。

教师要使自己用"学生的心灵"去感受，用"学生的大脑"去思考，用"学生的眼光"去看待，用"学生的情感"去体验，用"学生的兴趣"去爱好，因为"孩子的心是最稚嫩的，他们的心受到伤害便会结疤"。

教师要养成换位思考的良好习惯，时时变换自己的角色，站在家长和学生的角度去换位思考。只有换位思考，才能对事物的前因后果、来龙去脉及性质趋向有更全面、更客观的把握，从而保证自己做出客观、科学的判断和选择。懂得换位思考的教师是心胸宽广、聪明睿智的老师，会在许多事情的处理上比别人棋高一着、技高一筹。

"己所不欲，勿施于人"，孔子的这句话就是告诫我们遇事要"换位"

思考一下。尊重学生的选择，在某种程度上，这也是教育的精髓。

【经典链接】

亲爱的妈妈，您好！

妈妈，我知道您是爱我的，而且，我也知道您希望我的成绩好，将来能进入名牌大学。因此您和爸爸一直疲惫不堪地为我工作，但您也应该尊重我的选择！

记得有一次，您不经过我的同意就帮我在外面报了电子琴班。您为什么不跟我商量商量再做决定呢？现在我告诉您我喜欢的是电脑而不是电子琴！请您尊重我的选择，行吗？

还记得有一次三年级秋游时，谢文梅和李娇娇想和我去买春游的东西，我立即答应了。我和您商量，可您却不同意，说："你太小了，不要去了，我陪你去吧。"但那时我已经整整十岁了，应该可以独立了。再说我是和朋友一起去的，您不用担心，毕竟每个人、动物、植物都是有自尊心的，您肯定不想让我在同学面前丢面子吧！所以请您再次尊重我的选择吧。

有一次王一鸣星期天过生日，我想和同学去观前街为她过生日您答应了。星期六晚上同学问我去不去？我说："去。"但是星期天一早，您却反悔了。这不分明在为难我吗？难道您想让我变得言而无信吗？所以，请您尊重我的选择。

祝您身体健康，工作顺利！

爱您的女儿

××××年××月××日

第二章　以情动人

第一节　关注学生心理发展

【导语】

青春期，这是一个儿童模式被打破，成人模式还没有完全建立起来的特殊阶段。特别是16—19岁的高中学生，正处于心理上的"断乳期"，是从幼稚走向成熟、从依赖走向独立的转折时期，处于半独立、半依赖、半成熟也半幼稚的状态。

这一时期是人生最富于变化也是最不稳定的时期，由于生理、心理发生了急剧的变化，同时又面临高考的压力，他们承受着由成长带来的种种困惑和烦恼，承受着前所未有的考验。由于内心矛盾、失衡，心理冲突会越来越强烈，行为、情绪会有过激表现。

作为教师要积极关注学生的心理变化，采用科学有效的方法，帮助他们调节心理冲突，解除困惑、烦恼，发展健康个性，形成健全人格，引导他们顺利地度过心理"断乳期"。

教师的人文关怀是学生心理成长的重要因素，关注本身就是最好的教育。每一位学生都应成为教师关注的对象。教师要关注每一位学生的心理变化，尤其要关注"学优生"的学习压力、"学困生"的心理负担、特殊家庭学生的心理成长。

一、倾心抚摸，释放学优生的学习压力

"学优生"是父母、老师心中的宠儿，同学们羡慕的对象。受"光环效应"的影响，"学优生"身上的缺点由于学业优异而常常被忽略或者被掩盖。事实上，"学优生"身上存在着不少的问题，有的甚至比一般学生更复杂、更特殊，需要广大教师予以高度关注。

一位成绩优异的高三女生，二模成绩位列全市前茅，只因为一直不太理想的物理成绩，在考试中仍旧没能如愿地达到预想的结果，就近乎崩溃地对我说："老师，我完了，彻底完了，我的人生真的没有希望了。"一位高一男生，不仅学业出色，而且多才多艺，可他对同学很没礼貌，见到老师也不问好，还经常和同学发生争执，甚至顶撞老师。诸如此类的案例，在校园里屡见不鲜，暴露出"学优生"心理发展并不健全的特性，或者说存在着一定程度的心理缺陷和误区。

受现行相关体制的影响，多数学校在对待"学优生"上，往往只关注其学业，却忽视了他们的心理健康与人格养成教育，来自校方和教师的高期待，极大加重了"学优生"的心理负担。在中国，"成功"几乎是每个家长对儿女共同的期望，"学优生"的家长更是理所当然地希望他们的子女"光宗耀祖"。所谓"望子成龙""望女成凤"，进而加重"学优生"的心理负担。社会大环境和传统文化的影响力也推波助澜，致使广大"学优生"将学业成绩优异视为人生第一甚至是唯一目标。这种现状，在成就一个个成绩优异的"学优生"的同时，也造就了一批批心理脆弱，过分追求完美的"好学

生"。

"学优生"普遍面临更为繁重的学业负担，承受更加巨大的学习压力，致使心理脆弱，过分追求完美成为"学优生"最核心，也最具代表性与共性的心理特质。具体表现为：

个性孤傲，不合群。老师高看，家长娇宠，同学仰视，这是"学优生"生存的特殊环境，久而久之，"学优生"易滋生自负高傲，争强好胜，合作意识差，自尊心超强，自我感觉良好，爱嫉妒等不良心理品质。他们易傲视一切，缺乏对他人的理解与尊重，不能正确对待批评和建议，会觉得没面子，自尊心受损，甚至出现对立情绪或者过激行为。过于自我的心理品质，会使他们失去友谊，缺乏良好的人际交往，倍感孤独，加重心理负担。

不能容忍失败，万事都要十全十美。"学优生"常为自己设立较高的学习目标，有些目标与现实脱节严重。这会造成极大的学习压力，如未能及时宣泄、调控，就会出现成绩下滑，进而内心痛苦，情绪沮丧，悲观绝望，甚至有轻生倾向；他们对失败异常敏感，一点小失误就会引发他们极度的不安与焦虑，一旦出现不尽如人意的表现，他们就全面否定自己，怀疑人生，产生诸多负面心理，并会无限放大失败和由此产生的消极情绪。如一科成绩不理想，就会导致他们精神崩溃，一次考试失常就会认定整个人生都没什么希望了；一些"学优生"还表现为心理承受能力较弱，耐挫力低。面对挫折和困难往往不知所措，甚至一蹶不振；他们面临选择时常会患得患失，犹豫不决。

重视他人评价，着力塑造自身完美形象。"学优生"对自己期望和要求过高，苛求自己给他人留下完美的形象。比如，一位各方面都很优秀的男生，在交往中谨言慎行，格外小心，总是担心"我的表现是否尽如人意、言谈是否得当"，每天都满腹心事，觉得自己这不好，那也不好，总觉得别人对自己有意见，最终心力交瘁。还有许多"学优生"为保持"优秀"的评价紧张、焦虑，试图通过维持成绩来控制别人的好评，以维护自己的自尊感及完美形象，若压力过大无法排解，他们常会采取逃避的方式。曾有一个优秀的女生向我反映说，最近她上课总是出现溜号现象，自习时也常分心，尽管表面在笑，可心里一点儿也不开心，感觉自己似乎失去了学习的耐心，甚至觉得没有什么事情能引起她的兴趣，原来的乐观、积极和热情都好像消失不见了。事实上，进入高中，随着学习深度、广度的增大，她的学习压力也越来越大，特别恐惧自己哪一天不再优秀，自身完美形象受损。所以，就会自我感觉出现了这样或那样的状态，想用这些表现来为自己可能出现的失败开脱，寻求自我安慰。这是一种退行的动力，是通过想象来构筑一种婴儿般的无所不能感，这种感觉的维持，就是逃避现实挑战的"内在懦弱"。因此，他们会无意识地降低自己各种各样的成长需求，表现为一种对什么事都持无所谓的态度，只要付出努力、持之以恒能做到的事都被他们厌弃，以此为自己成绩下滑找到合理的解释，错误地维护自己脆弱的内心。

习惯于聚焦消极方面，苛求自己，抱怨他人。很多"学优生"在对自我的认识和评价上，往往容易关注不足和弱点，对自己的长处和优点却视而不见。很优秀，但自我不认可；有成就，但没有成就感，成为许多"学优生"的通病。如演讲得了第一名，却说是因为别人准备得不充分。考试得了第一，却认为是别人发挥失常。同时，"学优生"对他人和环境的期望也很高，喜欢挑剔、抱怨、牢骚不断，比如，觉得周围同学素质太低，老师的管理方式缺乏新意，学校环境不好等等，因而很少感受满足和快乐。

由压力过大，负担过重而引发的"优秀学生心理综合症"是一个值得关注的问题，它并不简单等同于思想问题。帮助"学优生"释放学习压力，走出心理压力的旋涡，实现健康成长，要求教师既要治标，也要治本。

首先要寻找压力源，从源头寻求解决之道。当一个压力来源被清晰感知并对个人造成危害时，整体机能就会受到影响。一般而言，压力愈大，危害越大，智力功能受到的影响就越大。如记忆力、注意力都会大大降低，知觉范围会缩小，思维会刻板、迟缓，进而影响问题解决、判断与决策的能力，很难会有创意的反应。

值得引起注意的是，学习和学业无疑是中国学生最大的压力来源，而高中生学业上的压力有很大一部分来自对别人期望和要求的认知，以及和别人比较的压力。这也许与中国儿童社会化过程中的社会取向有关。心理学家杨国枢先生曾指出：中国人在人和环境的互动中，表现出一种社会取向，具体体现在注重家族、权威、关系和他人。这些互为影响的因素使中国人较为关注别人如何看待自己，别人对自己有什么期望，特别是和自己关系密切的人。成年人可以是父母、配偶、领导或朋友，而青少年则主要是父母、朋友、老师和同学。所以青少年对这些重要关系人员的要求、期望、态度的感知成为他们重要的压力来源。从这个角度讲，教师、家长能够正确对待学生的学业成绩，保持平和的心态，与他们进行良性沟通，多鼓励、多指导，显得尤为重要。

增加"学优生"的自信心与乐观的心理，可以有效降低"学优生"心理上的压力。乐观来自信心，信心源于实力。"学优生"之所以成为"学优生"，源于他们的实力。教师要引导学生形成正确的自我认知，不受光环效应的影响盲目自大，也要正视自己的成绩，了解自己的长处，基于对自己优势、特长的自信，产生积极乐观的情绪，最大限度地消除压力带来的紧张、恐惧、焦虑，消除由此引发的各种心理问题。自信与乐观的心态能够增强学生的学习兴趣，提升学习动机，进而促使其在学习中发挥较强的主观能动性，并取得更大的进步。教育的功能就是要给学生的情绪生活以积极的支持。教师要积极关注"学优生"的情绪生活和情感体验,给予充分的人文关怀。

帮助"学优生"确定适度的目标是舒缓压力的有效手段。任何人选择自己的成才目标都应适合自己的个性与最佳才能,即成才目标的适己性能够提高成功的几率。压力大小与目标高低是成正比的。一个对自己没有任何要求的人,他不会感受到学习对他产生的压力。而当一个人对自己要求过高或设定的目标与他自身的实际水平之间存在极大差距时,往往会产生紧张、焦虑与痛苦情绪。因而教师要引导"学优生"经常检测自己的学习目标是否适当。检测可以从目标的三个维度入手:即高度(目标设置的难度)、宽度(目标涉及的内容)、长度(目标达成的时间)。督促他们在实践中进行自我的动态调节,在强化与否定中不断修正目标,让目标真正引领自己的行动,最终走向成功。

加强心理疏导。教会他们客观地对待学业,正确地认识自我,学会交往,学会沟通,学会尊重,学会爱;教会他们勇敢面对压力,正确分析压力来源,有的放矢地进行挫折教育,增强学生的耐挫力;教会学生化解内心冲突,缓解、宣泄心理压力、保持心理平衡的方法。

例如,针对前面提到的利用退行机制逃避学习压力的女生,我首先对她进行了思想疏导。通过坦诚交流,引导她正视并勇于面对学习压力,要允许自己有不足、有缺点,允许自己失败,更要学会欣赏其他优秀的同学,并虚心学习对方的长处。要看到自身的优势,增加自信,面对困境不再逃避。其次,帮助她全面分析焦虑成因,找到压力源。仅仅进行换位思考和心理疏导,并不能从根本上解决问题,关键还要找到压力源,从根源处找到解决问题的办法,压力既可能来自于学习动机与学习目标,也可能来自于学习能力与学习方法。在此基础上,与她共同分析、探讨在学习上确实存在

的不足，并给予具体指导。最后，给予舒缓压力的方法指导。如保持平和的心态，运用积极的心理暗示，掌握一定的放松技术（如系统脱敏法、深呼吸），学会适当地宣泄情绪（如写日记，适当哭泣，向朋友倾诉，从事自己感兴趣的活动），学会转移自己的情绪（如音乐疗法，环境调整法），恰当的自我评价，从容面对父母的压力等，进而指导她消除心理困惑，达到解决问题的目的。

另外，缓解"学优生"学习压力，消除其心理困扰要及时。"学优生"的培养是一个漫长的累积过程，需要较长的时间，可"学优生"褪去光环，成为普通生，甚至转化为"学困生"，也许只需要极短的时间。因而教师要善于观察，及时发现，及时疏导，把握教育的主动权，抓住教育最佳时机，预防"学优生"下滑。要善于分析心理问题的成因，做到有的放矢。比如，许多"学优生"刚刚升入高中，由于不适应而导致压力大，情绪紧张、焦虑，进而形成恶性循环致使成绩下滑，这种现象是很普遍的。教师在新生入学时，要格外关注每个学生的学习状态，心理变化。发现问题，及时指导，就会避免此类现象的发生。"学优生"在成长过程中，会遇到许多诱发心理波动、增加学习负担的事件，如人际交往、家庭变故、情感困惑等，教师如能及时发现，及时疏导，把问题解决在萌芽状态，会起到事半功倍的效果。

考试焦虑是"学优生"心理压力过大，学习负担过重的现实表现，教师应做好考试焦虑的辅导工作。首先要引导其正确剖析学习压力过大的原因，进而准确定位，找出并矫正自己的不合理观念，学会正确看待考试，鼓励其通过倾诉等手段，宣泄不良情绪，可运用认知疗法、理性情绪疗法对其进行具体的心理辅导，教会其运用"放松训练"等技术进行自我调整，借以减轻负担、舒缓压力。还要引导学生制订科学的学习计划，合理规划时间，并加强学法指导等。

当然，引发"学优生"学习压力，造成"学优生"心理困扰的因素是多方面的，为他们解压，需要协同学校、家庭和社会的力量。实现由应试教育向素质教育的转变，树立科学、全面的人才观，加强学生心理健康教育；优化社会大环境和弘扬正确传统文化的影响力；提升家长素质，提高家庭教育质量；教师也应加强自身修养，倾心抚摸，加强疏导，帮助"学优生"有效释放学习压力，健康成长。

【经典链接】

1. 我们所创造的一切都是为人着想的。如果人不能给人以幸福，那么任何物质财富和精神财富也不会给人带来幸福。——霍姆林斯基

2. 晕轮效应。——凯利（H. Kelly）

3. 积极心理学。——马丁·塞里格曼·谢尔顿（Kennon M. Sheldon）和劳拉·金（Laura King）

4.《保姆119》。

5. 寻找兰彻——《三傻大闹宝莱坞》，又名《三个白痴》。

二、专心倾听，缓解学困生的心理负担

在中小学，"学困生"占有相当比例，做好这部分学生的转化工作对于提高教育质量，提高民族素质，具有重要意义，也是落实教育要面向全体学生的必然要求，更是每一个教育工作者的责任。

关于"学困生"，目前世界上有两个主流概念，一是学业不良，二是学习障碍。这里探讨的"学困生"专指学业不良。在现实学校里，"学困生"的界定是不同的，比如，由于参照的标准不同，重点中学的"学困生"到了普通

中学就可能不属于"学困生"。

"学困生"的形成原因较为复杂，有自身因素，也有来自于外界的影响因素，是内、外因共同失误累积而成的。学校、社会、家庭要形成合力，共同减少和消除造成"学困生"的外界影响因素。

作为教师，要专心倾听，了解"学困生"的心理感受和内在需求，把握"学困生"心理特点，遵循客观规律，对症下药，实施科学的教育干预，以缓解他们的心理负担，帮助他们摆脱困境，健康成长。

面对"学困生"，帮助"学困生"最重要的就是去倾听——弯下腰去倾听，在他们孤独、自卑、沮丧、悲伤、绝望的世界里，有一个好的听众非常重要。倾听，就要给他们话语权，让他们自由地发表看法，表达情绪。倾听，就要鼓励他们，尊重他们，与他们平等对话，平等交流。不要等到他再也不愿意与你说真心话，也不愿意倾听你的话的时候，我们再来抱怨他们的沉默。只有倾听，我们才不会轻易下结论，才会达成良好的沟通，找到帮助他们的有效方法。通过倾听，你会走进他们的内心世界，了解"学困"的真正原因。

教师要对"学困生"科学分类，了解成因，因材施救。根据对"学困生"心理成因的分析，调整具体的辅导策略。根据"学困生"的不同类型，制订有针对性的转化方案，从源头入手，帮助"学困生"摆脱困境，完成"脱困"。在实践中，我们发现，以"学困生"成因为依据，可将学困生大体分成这样几种类型：

动力不足造成的学业不良。这些学生缺乏理想和追求，没有明确的学习目标，消极倦怠，少有热情，畏惧困难，目光短浅，安于现状，得过且过，他们在学习态度、动机、意志以及自我意识等方面存在较多的障碍，他们的能力更多的是被动力不足所抑制。教师要帮助他们建立积极的自我意象，指导他们规划未来，激发成长动机，调动他们的积极性，给予他们希望，点燃他们的学习热情。

能力较差造成的学业不良。这些学生反应迟钝，记忆力较差，思维能力相对滞后，缺乏想象力，类化与概括能力较差，不能较好地运用定势和迁移去解决实际问题。他们常常会遭遇难题而无法克服，会产生强烈的自卑感，会自我否定，丧失信心，进而抑郁沮丧，自暴自弃。但是他们的学习动机、意志水平一般不低，通常他们中大部分学生好学上进，循规蹈矩，遵守纪律，教师要充分利用这一动力资源，给予充分的肯定和鼓励，帮助他们分析具体的知识和技能障碍，帮助他们改进学习方法，而不是一味嫌弃和轻视。

个性缺陷造成的学业不良。这些学生个性孤僻、古怪、情绪化、敏感多疑、自我封闭、胆怯、自卑、心境低落，应激迟缓，精神压抑，逆反心理强，焦虑不安，缺乏安全感，令人难以捉摸。但他们内心丰富，渴望他人的理解和尊重，又难以敞开心扉，与人交流，因而常常处于纠结、徘徊、矛盾之中，严重影响正常的学习和生活，造成学业不良。教师要做耐心细致的工作，要顾及他们的个性特点，讲究方法，主动与他们交流，给予更多的关怀和爱，发现异常，及时做好心理疏导工作。另外，有些学生学习压力过大，易产生学习焦虑和考试焦虑，为此，教师要给予情绪调节和应试技巧的具体指导，引导他们树立科学观念，正确看待学习和考试。

注意品质不良造成的学业不良。这些学生的注意品质出现严重偏差，注意指向性和集中性不能很好地配合学习目标，常常偏离学习内容，被与学习无关的内容吸引与分散；注意的广度有限，因而常会忽略核心知识或者忽略掉重要的细节；注意稳定性差，有意注意不持久，易受环境影响；注意的调节和监督功能不完善，注意不能根据活动的需要做适当分配和适时

转移，不良的注意品质大大降低了他们的学习效率。这些学生通常会有明显的外部表现：如坐立不安，爱做小动作，调皮捣蛋，爱生是非，冲动急躁，不喜欢被束缚。但他们一般会比较热情，充满活力，爱表现，善于与他人交往，头脑灵活，反应快，接受能力强，有创新精神。教师要善于引导，充分挖掘他们的潜能，发扬他们的优势，树立信心，磨炼意志，鼓励他们扬长避短走向成功。

教学中，我们也常看到部分"学困生"是由于学法不当造成学业不良。这些学生受应试教育影响，习惯搞题海战术、疲劳战术，一味地重复练习，学习方法和学习策略出现严重失误，付出和回报不成正比，造成严重的心理失衡，进而失去学习信心，苦闷绝望，不能正确评价自己，形成许多负面情绪。对此，教师要加强学法指导，为他们树立榜样，帮助他们分析学业不良的原因，进而转变学习方式。此外，不良的学习习惯也是造成学业不良的重要原因，对于这部分学生，教师要抓反复，反复抓，长期跟踪指导，耐心矫正，帮助他们逐步形成良好的学习习惯。

此外，也有相当一部分学生是由于多种因素都存在欠缺而导致学业不良。他们的能力较差，学习动机、意志、自我意识等水平较低，心理品质不良，学习基础差，又沾染了不良的学习和生活习惯，基本的学习技能匮乏。由于学业不良，他们常受到外界的否定评价，极大打击了他们的自尊心和信心，会产生消极的自我概念，缺乏自信，丧失学习的兴趣和热情。这部分学生的学习困难程度比较严重。教师要切实了解他们的学习基础，分析存在的障碍，有针对性地为他们制订个别教育计划和目标，进行专项技能训练，强化个别辅导。

学生中也存在暂时性学业不良。造成暂时性学业不良的因素来自各个方面，如某一阶段的学习内容掌握不好，外界偶发事件，如家庭矛盾、生病、情感困惑、人际关系紧张等，这些因素如没有及时调整，就会造成学业不良。通常这些学生在学习能力、学习品质、学习技能等方面都发展正常，学业困难程度较轻，转化他们的关键在于疏导及时和加强针对性。

"学困生"虽然千差万别，但却普遍存在自卑、胆怯、压抑、惰性、逆反等心理特点，尽管他们多数表现得满不在乎，但他们的内心是渴望向上的，他们渴望改善学业成绩，渴望被尊重、被理解、被重视，他们需要更多的关注和呵护，需要教师的引导和帮助。

教师要保护和激发"学困生"自尊意识，维持其心理平衡。"学困生"由于长期学业不良，遭受外界的否定、斥责与忽略，常会产生消极的自我概念，内心脆弱，自尊心极强，惯以坚强的外表、玩世不恭的表现来武装自己，保护自己脆弱的自尊。留存在"学困生"心中脆弱而敏感的自尊心，恰是"学困生"克服困难，积极向上，自我教育的内部动力。因此，教师首先要给予"学困生"真挚的爱，用爱去唤醒"学困生"学习和生活的热情，去增强"学困生"的学习信心。教师对"学困生"要多点爱，多点关怀，多点鼓励，要多提问，多辅导，多留心，多交流；教师还要给予"学困生"热切的期待，实施赏识教育。教师热切的期待与权威性赏识，会唤起"学困生"愉悦的幸福感，产生主动学习、积极成长的强大内驱力。会让学生敢于相信自己是聪明的，是可以成为好学生的，从而提高了对自己的要求标准；教师更要对"学困生"进行积极的心理暗示，坚持正面教育，唤醒潜藏在"学困生"内心的热情和动力。由于"学困生"强烈地维护自己的人格尊严，不容许别人侮辱和歧视的心理状态，因此"学困生"的引导工作，切忌使用过分刺激性语言，更不要讽刺挖苦或者放任自流，以避免"学困生"重蹈覆辙，破罐破摔。但是，伟大的"师爱"要始终与严格要求相结合，要爱而不宠，褒扬有度，不能因为提倡正面教育和热爱学生，就对"学困生"身上的缺点视而不

见，这样做不利于"学困生"的转化，也会害了学生。当然，对"学困生"的严格要求与心理疏导有机结合，会收到极好的效果。

教师要创设情境，引领"学困生"体验成功，唤醒"学困生"潜能。"一个人只要体验一次成功的喜悦便会激起无休止的追求成功的力量"。"学困生"不乏失败的体验，对之充满恐惧和不愉快心理，因而格外向往成功。成功的体验会教会他们敢于尝试，敢于成功，敢于焕发热情，敢于调动自身潜能。因此，教师首先要发挥"学困生"特长，有意识地为他们创设体验成功的活动。如让他们回答力所能及的问题，完成他们力所能及的任务，提供展现他们特长的机会等；教师也要密切关注"学困生"的进步，及时强化。发现点滴进步，即给予充分的赞美、表扬、肯定，并与他们一起总结成功的经验，增强成功体验，激励学生继续努力，不断发展，使学生感受成功且被尊重的愉快，并从成功中树立信心；另外，激励学生追求成功，也要鼓励他们不怕失败。教给他们与困难做斗争的经验，教会他们面对目标，制订计划，大胆探索，更要教会他们面对失败，审慎反思，总结经验，调整步伐，重新出发。

我校有一名男生，父母关系恶劣，经常争吵，不和谐的家庭氛围给他造成极其严重的负面影响，在无数次抗议无果之后，他选择了逃避，离家出走，逃学，网瘾严重，成绩一落千丈，致使学业不良。在为其做了细致的心理辅导之后，我和他一起对他的学业进行了分析，发现他文理偏科严重，其理综成绩比较理想，但文科成绩极差，尤其是语文。一次，学校开展心理剧系列活动，他表示想把自己的故事编进班级心理剧，希望通过他的表演，唤醒父母亲情。为此，我给予极大支持，安排他担任编剧，并出演主角。起初，他对自己缺少信心，劳神费力写的剧本很不理想，但我一直鼓励他，肯定他的成绩，在剧本里努力寻找闪光点，给予赞美，并安排同学悄悄协助，剧本终于顺利完成了。在排演过程中，最后一幕剧，故事达到高潮时，他的大段独白没有达到预期效果，不够理想，由于时间比较紧张，我只给了他一个小时的时间，让他重新改写台词，还要背诵并要富有感染力地表演出来。面对这个任务，他很抗拒，一点信心没有。我说，你可以试试。结果，他真的在规定时间内完成了任务，演出时得到了一致好评。这让他尝到了成功的甜头，对自己充满了信心，对文学产生了兴趣，不再恐惧。我因势利导，肯定了他的语言表达能力，借助这一契机，我要求他每天写一篇小文章，可长可短，抒发自己的内心感受。从此，他开始写日记，写随笔，写散文，语言表达能力竟进步神速。进而我又要求他多读名著美文，他对文学的兴趣越来越浓厚，语文成绩也在稳步提升。进入高二后，语文成绩已由差生进步到了中等水平，整体学业成绩也因此有了很大的提高。成功的体验，使他改变了认知，重拾了自信，不仅改善了他的学业成绩，也改变了他的个性。

教师要培养"学困生"的学习兴趣，激发"学困生"的求知欲。苏霍姆林斯基曾经说过："如果教师不想方设法使学生产生情绪高昂和智力振奋的内心状态就急于传授知识，那么这种知识只能使人产生冷漠的态度，而不动感情的脑力劳动就会给人带来疲倦"。对于"学困生"而言，培养学习兴趣，激发强烈的求知欲显得格外重要。因为"学困生"之所以学业不良，一个重要的原因是对学习不感兴趣，甚至有厌学倾向。因此，教师首先要营造轻松和谐的课堂心理氛围。令人轻松、愉悦的课堂氛围，能有效地改善"学困生"的感知、记忆、想象、思维和知识的接受能力。其次，教师要巧设问题情境，激发学生好奇心、求知欲。一个富有意义的问题，可以诱发"学困生"的求知欲，教学中，教师要多角度巧设计，增强课堂的趣味性，通过设置问题情境，让学生的头脑中充满渴望解决问题的动力，使他们的思维活动在问题的牵动下处于高度兴奋状态，促使他们集中注意力，专注

听课, 提高课堂听课效率, 进而产生学习兴趣, 改善学业水平。教师还要对传授的知识进行再加工, 提升其逻辑性、层次性、易接受性和趣味性, 创建高效课堂。美国心理学家布鲁纳指出: "学习的最好动力就是对学习材料产生兴趣。"因而, 教师要多钻研, 勤思考, 加强备课, 使学习材料成为激发学生学习兴趣最有力的动力源泉。另外, 降低标准, 分层指导, 也会激发他们的学习信心, 产生学习兴趣。过重的学习负担, 过高的要求, 会遏制和破坏学困生的学习兴趣, 使"学困生"产生厌恶学习的逆反心理, 丧失学习信心, 所以在教学中对学困生的要求不应过高。学少一点, 精一点, 学一点, 会一点, 使"学困生"稳步前进。教师也可以帮助"学困生"设计相宜的课堂练习, 制订可行的目标, 分层布置作业, 建立互助小组, 加强学法指导和习惯养成教育, 进而使他们保持持久的学习兴趣。此外, 教师要注意自身形象, 加强修养, 提升人格魅力, 这也是激发他们学习兴趣的有利因素。不过, 学习兴趣的养成教育, 不可能一蹴而就, 更不可能一劳永逸, 需要教师付出极大的努力和耐心, 循序渐进, 持之以恒, 做深入细致的工作。

教师要根据"学困生"心理特点, 加强"学困生"心理辅导。引导学生认识自己、对自己的学习兴趣、学习能力、学习方法形成正确认识; 激发其对美好未来的向往, 制订近期目标及长远目标, 规划人生; 加强"学困生"心理素质的专项训练, 如注意品质(视觉稳定性、听觉稳定性)、记忆品质训练等; 加强"学困生"个别心理辅导, 有针对性地为其做心理疏导, 解除他们的心理困惑, 缓解他们的心理压力; "学困生"的心理健康教育要与学科教学相结合, 渗透整个教育教学过程。例如, 许多"学困生"为逃避困难, 排解孤独, 容易早恋, 在恋爱中寻求安慰。对待早恋学生, 不仅要加强思想教育, 更要加强心理疏导, 不能一味的说教, 或采取极端惩罚措施, 而要讲究方式方法, 给予他们中肯的建议: 如别急于确立恋爱关系更稳妥些;

不要刻意压抑情感,与其正常交往;审慎分析这份感情到底算不算"爱"等。同时,可以为他们介绍一些爱情理论,引导他们理性思考,做出正确的选择。教师站在他们的角度思考问题,会避免他们产生逆反心理和抵触情绪。教师还要引导他们多参加集体活动,转移注意力,要营造和谐的集体气氛,提倡男女学生之间正常交往,教会他们与异性和睦相处,在互帮互学中健康成长。

在成功的教育家及教师眼里,"学校里没有差生,只有能力没有被开发的学生"。广大教师,尤其是班主任,要创造适合"学困生"的教育,为"学困生"的发展提供优质的学习资源和支持服务,教师要善于捕捉教育契机,循循善诱,用真诚的爱心,以对学生终生负责的态度,为"学困生"搭建展示潜能的舞台,陪伴"学困生"共同迎接美好的未来。

【经典链接】

1. 人人渴望伟大,人人渴望尊重。——弗洛伊德

2. 其实,每个人都是最优秀的。——苏格拉底

3. 只要给学生足够的学习机会和学习时间,大多数学生都可以学会他们所学的东西。——布鲁姆

4. 教育的秘诀就是,只有教师关心学生的尊严感,才能使学生通过学习而受到教育。教育成功的秘诀在于尊重学生。——苏霍姆林斯基

5. "破窗效应"理论——威尔逊·凯琳

6. 维果斯基的"最近发展区理论"。

三、关注特殊家庭学生的心理变化，调动所有因素关爱孩子

家庭是人接受教育的第一个场所。家庭教育不仅具有早期性，还具有连续性，所以有些教育家又把家长称为终身教师。家庭教育对人成长的影响是巨大的。

近年来，随着社会经济结构的变革，人们价值观的改变，正常家庭体制分化现象越来越普遍，很多正常家庭的格局被打破，特殊家庭的数量正呈上升趋势。父母亡故、涉案、离异、再婚、下岗、外出打工、导致孤儿、单亲、特困及留守学生比例逐渐增大，这些特殊家庭或多或少会对学生的成长造成负面影响，使得这些学生较正常家庭的学生承担更大的压力，身心发展出现的问题日益凸显。解决和完善这类家庭中孩子的教育问题已经迫在眉睫。

特殊家庭的学生认识结构容易出现偏差，缺乏安全感，自信心下降。父母的离异或重组（包括留守学生），让孩子感到自己是一个被家庭抛弃、多余的人。家庭的残缺和不完整，使他们觉得低人一等，由此产生强烈的消极情感，这些消极情感必将影响他们正常的学习、生活、交往，造成与人交往能力低、自信心下降，丧失生活及学习的信心，甚至会形成仇视社会、敌对冲动、性情易变、偏激固执等不良人格。

特殊家庭的学生思想情感通常比较消极，承受挫折的能力比较薄弱，AQ（逆境商数）值较低，挫折复原力较差。家庭变故，尤其是父母离婚或重组对未成年的学生来讲，无疑是生活中的极大变故，他们会觉得生活重心瞬间失衡，对生活感到迷茫，失去希望。家庭变故也使他们感到难堪，内心痛苦，进而封闭自我，久而久之，易产生专横冷漠、敏感猜忌、胆怯退缩、抑郁脆弱等不良心理品质。

部分特殊家庭的学生行为习惯令人担忧。特殊的家庭背景，外界的不理解、歧视和嘲笑，会给特殊家庭学生造成一定的心理创伤，在行为上往往有较多的异常表现，如焦躁易怒，不合群，不遵守规则、欺负同学、无礼粗野、对抗长辈、打仗斗殴、说谎偷窃等不良行为。由于缺少家庭温暖而易受外界不良因素的影响，他们通常沉迷于网络、游戏，或在早恋中寻求慰藉，甚至涉及犯罪或者被坏人利用。

部分特殊家庭的学生学习状况不容乐观。家庭变故后，由于缺少家长对学习的督促，以及良好习惯的养成教育，有些家庭无法给予孩子心理和生理健康成长的环境与条件，致使这些学生学习上存在着诸多困难，学业成绩低，学习能力差，丧失学习的信心和热情，缺乏进取心、自觉性，甚至出现厌学情绪。进而缺乏理想追求，道德缺失，人生目标异化，成为学校教育中的"问题"学生。

值得一提的是，特困家庭的学生由于过早承担物质、心理、环境方面的压力，生活的窘迫，造成心力交瘁；留守学生因为长期得不到父母的关爱，部分缺失适时适度的管教，也会部分呈现上述心理表现和行为特点，但相对而言，特困生的教育难度较小。另外，特富家庭的学生，由于格外优越的家庭环境，个别学生的生活过于奢侈，家庭教育未能及时跟进，或者本身的家庭教育就存有偏差，也容易滋长某些不良的心理品质，如意志薄弱、耐挫能力差、轻视劳动、傲慢自大、存在优越感、不重视学习等。

特殊家庭学生的教育问题是一项庞杂的社会工程。不仅是学校教育工作中需要认真对待与解决的重点问题，而且也已经成为一个严肃的社会问题。只靠单方面的力量，是无法彻底解决特殊家庭教育问题的，需要学校、

家庭、社会各方面共同努力，共同关注特殊家庭学生的心理变化，调动所有因素关爱他们。

面对特殊家庭学生成长的困境和呈现的问题，学校和教师有义务加强教育引导，采用合理的干预策略和有效措施，让特殊家庭的学生不再成为"特殊学生"。

学校应该格外关注特殊家庭学生心理变化，制订具有针对性的对策和措施，对这类学生进行经常性的重视与关注；要加强校园文化建设，为特殊家庭学生创造良好的人文环境和舆论氛围；要深入了解具体情况，做好个案的记录、分析和分类指导；要加强心理健康教育，帮助他们克服心理障碍，消除心灵创伤，促进他们健康成长；要构建学校监护体系和相应的帮扶措施，确保特殊家庭学生得到全面的关注和引导。

例如，长春市实验中学为特困生建立档案，设立校友"奖学金"，实施"百万资助贫困生"和"万元奖励优秀生"活动，为双特生创造良好的学习和生活环境。采取帮扶、献爱心等方式，不让一个学生因贫困失学、辍学。通过家长学校、班团活动、心理辅导、师生座谈、约谈式家长会等形式为特殊家庭学生提供疏导与关怀。坚持文化立校，着力创建幸福校园，从校长到老师给予学生最大限度的人文关怀，让校园的一草一木都散发浓浓的情意，在耳濡目染、潜移默化之中让学生感受家的温暖，激发和强化他们的归属感和自我约束力。通过开展学生职业生活规划，为每个学生建立成长档案，激发他们的成长动机，进而焕发积极向上的精神风貌。

教师在班级管理中，对来自特殊家庭的学生应给予更多的关怀、尊重和爱，以弥补他们的情感缺失和生活照顾。用无微不至的呵护和父母般的关爱来唤起学生对生活的热爱和期望。要关注他们的心理感受，认真倾听他们的心声，及时进行心理疏导，给予有效的指导与帮助。要着力培养他们广泛的兴趣爱好，鼓励他们多参加课外活动和社会实践，并尽可能多地为他们提供参与这些活动的机会，以缓解他们内心的苦闷和压力。要耐心矫正他们不正确的认知结构，树立对人对己对事的正确态度与观点。要注重情感教育，应以朋友的身份寻找帮助他们的机会，教他们学会宽容、理解、学会爱。并辅以纪律、公德及法制教育，引领他们健康成长。

对特殊家庭学生的教育要坚持以正面鼓励为主，不要采取过分偏激的教育方式。在学生被迫适应家庭变故的过程，任何一个小小的批评和责备，都有可能导致学生情绪失控，引发不可想象的后果。因此作为教师，尤其班主任，要善于捕捉他们身上的闪光点，及时给予表扬和鼓励，增强其自信心。要把他们当成普通学生来看待，在班级内部提倡互帮互助、平等相处，利用全班同学的力量，给予他们积极健康的影响和教育。

在特殊家庭学生的教育过程中，还存在家校沟通不畅的问题，这会造成家庭教育与学校教育不一致，甚至相悖。由于家庭变故，特殊家庭的家长对孩子的教育容易走极端，要么溺爱、放任，要么简单、粗暴，不仅难收成效，还极易造成严重的负面影响。因此，学校和老师要和家长常联系，多沟通，最大限度地争取家长的配合，努力改善特殊家庭亲子关系和教养方式。在这个过程中，教师要注重方式方法，讲究语言的艺术和说话的技巧。多向家长汇报学生的长处和进步，给家长鼓励与希望。要了解家庭状况，帮助家长习得有关学生成长的知识，并利用这些知识来教育学生，解决学生的问题。和这些家长交流时要真诚以对，用平等的身份与家长沟通和商讨，启发家长明确自身的义务责任，减少家庭变故对学生的不良影响，建议家长注重与学生的情感交流和心理沟通，了解他们行为背后的动机，了解他们的心理及需求，帮助他们从心理开始，而不是从行为的限制开始，切忌过度的物质满足。教师要本着一颗爱心，不断向家长传达对学生的尊重和关

爱,潜移默化地影响家长,激发家长对孩子的爱心与期望心理,吸引他们主动与老师配合,坚定做好家庭教育的决心。教师要站在学生的角度,更应理解家长的苦衷,通过交流,争取家长配合,共同教育好学生,而不是与家长一起整治学生。只有我们尊重热爱学生,及时进行家校沟通,我们的教育才能拥有家庭的保障,我们的教育才会有的放矢,收到实效。

目前,社会对特殊家庭学生存在忽视并存有偏见,拜金主义、享乐主义、极端个人主义等社会不良因素的影响,极易在这些孩子的心中滋长,黄色网吧、色情影像、暴力游戏充斥学生的日常生活,缺乏家庭关注和温暖的特殊家庭的学生极易受到干扰,致使学校教育苍白无力,教育成果大打折扣。此外,个别学生和家长对特殊家庭学生的排斥、非议、歧视,甚至嘲笑,给特殊家庭学生的心理投下巨大的阴影,导致身心成长问题凸显。因此,特殊家庭学生的教育也需要来自社会的支持和配合,需要完善社会体制,建立相关机构,加大监管力度,营造良好的社会教育大环境。

面对特殊家庭学生的教育问题,家庭、学校、社会要携起手来,通过共同关注特殊家庭学生的心理变化,调动所有因素和各方面资源,共同关爱特殊家庭的学生,多一些关爱,多一些科学的引领,才会最大限度地减少对他们的负面影响,营造适合其健康成长的氛围,让他们同正常家庭的学生一样健康快乐的成长。

【经典链接】

1. 除了教师和医生的职业外,未必有其他职业需要如此更多的热忱……应当把自己的一颗心交给每一个孩子,教师的心中应该有每个孩子的欢乐和苦恼。同情孩子,对孩子由衷地关怀,是教育才能的血和肉。——苏霍姆林斯基

2. 爱就意味着用心灵去体会别人最细微的精神需求。而这种心灵的感受

能力是来自于父母,但不是什么言语和解释而是榜样。——苏霍姆林斯基

3.优秀和明智的父母会以社会对孩子的要求去要求自己的儿女。——杜威

4.得不到别人的尊重的人,往往有最强烈的自尊心。——马卡连柯

5.让每一个学生在学校里抬起头来走路。——苏霍姆林斯基

第二节　观察学生思想变化

【导语】

思想观念能控制人的生理机能;落后的观念能压抑腐蚀人强健的生理机能,当然也包括大脑的生理机能。先进的观念,能使弱病的生理机能强健起来,能使愚钝的大脑生理机能变得聪明起来。——魏书生

中学生,二八年华,是一个多么美好的年龄,多么可爱的一个群体,社会因他们存在才显得生机勃勃,让人们对未来怀有美好的期待。他们年青,富有朝气,但做事喜欢冲动;他们开始迈向成熟,但做起事来却还显幼稚;他们对各种各样的新鲜事物,都充满了强烈的好奇心,乐于模仿学习,但却缺乏足够的判断力;他们敢于探险,有初生牛犊不怕虎的精神,但做事过于鲁莽,容易弄巧成拙;他们热情单纯,但容易轻信,不计后果。魏书生老先生这样说过:思想感情的潮水需要疏导,水可以载舟,也可以覆舟。问题在于怎样摸清水性,因势利导。作为中学生的精神导师——教师,如何让每一朵花朵在春天的百花园中绽放,如何能抵得住暴风雨的侵袭,在于能正确引导学生的思想,使他们拥有一个积极的人生观,一个乐观向上的态度,一个崇高的思想境界,关系到我们国家的未来,关系到我们民族的命运。

中学班主任与学生有效沟通的技巧

63

一、明确新时代的价值取向

教师是年轻人的引路人，他的使命是在学校里充分发掘人在智能、情感、道德等方面的精神财富。——苏霍姆林斯基

随着经济的发展，当今世界的开放度达到了前所未有的程度，新的文化思潮不断地冲击着传统的文化思想观念，价值观多元化，道德意识模糊化，民主意识不断得到强化，个人主义合情合理化，传统不断地被颠覆，新的价值观不断地被人们接受成常态，对于这些思想活跃但没有人生经验的中学生，在这个社会大洪流中如何选择一个正确的人生观、价值观，是一个非常迫切又严峻的问题，因为他们是国家未来建设的中流砥柱，他们的价值取向直接决定我们国家的未来发展。

1. 当今中学生的价值取向

总的来说，现代中学生主流思想是积极向上的，具有较强的爱国意识，为了他们心中的理想在努力拼搏，在大是大非面前，大多数还有具有正义感的，在社会公德上还能表现出文明礼貌，比如在公交车上，你经常能看见中学生给老人和小孩子让座的现象，甚至比有些成年人做得要好。但中学生作为当今社会中的一个群体，它具有这个时代的特征，不可避免打上了这个时代的烙印，是这个社会赋予了他们与以往中学生不同的特性，也就是说，我们必须面对这个社会复杂的大环境带来的诸多问题，社会是把双刃剑，带给你益处的同时，也小心会伤着你，中学生身处社会这个大熔炉中，那些负面东西也会在不知不觉中被他们吸收。

可大致归结为以下四点：

1.1政治意识的多元化

调查表明，大多数中学生都有着坚定、正确的政治方向。这与党和国家对青年学生的要求相一致。随着全球化的到来，西方政治多元化思想，对我国的中学生产生了不可低估的负面影响。中学生的政治意识也出现了多元化。在中国的道路选择问题上，虽然大多数学生认为应该走社会主义道路，还有少部分学生认为只要能使国家富强，什么道路都可以走，甚至还有极少数学生主张走西方式的发展道路。在中国共产党领导问题上，只在过半的学生认为现代化建设应由中国共产党领导，少数学生认为应由中国共产党和民主党派共同领导，甚至极个别学生主张由民主党派领导。

在理论指导的问题上，认为是否坚持以有中国特色社会主义理论为指导关系到社会主义建设前途的学生只占半数多一点，其余学生，有的认为有中国特色理论不一定能领导现代化建设，有的表示不清楚，还有的表示学习外国经验即可，不一定非要特色理论。

可见，以上的问题使学校思想政治工作增加了难度，对教育工作者提出了更高要求。

1.2现代意识的鲜明性

调查显示，当代中学生思想活跃，思维敏捷，具有鲜明的自立、创新、竞争、法律、效益、信用等现代意识。当代中学生有强烈的自立意识，他们相信"人生幸福在于自己奋斗""认为应通过自己劳动获得生活来源""主张靠本事不靠关系"，渴望能不靠父母生活。

他们有较强烈的竞争意识，大多数中学生认为现代社会竞争无处不在，竞争必不可少，相信竞争会使社会进步，选择面对竞争会知难而上，可见，当代中学生大多具有竞争意识。现代社会是法制社会，法律意识是现代人必备素质。大部分中学生具有较强的法律意识。我们正在进行社会主义市场经济体制的构建。市场经济，效益优先，现代人必须具备效益意

识。现在大多数中学生已没有了上一辈子人的有钱存银行的保守理念，而是有钱要去做风险投资，以便赚更多的钱。可见，现代中学生的效益意识是很强的。诚实信用也是现代社会需要的一个重要品质。当代中学生普遍痛恨弄虚作假，愿意承担责任的不在少数。说明当代中学生重信誉、重责任，这为其日后成为经济生活中积极力量打下基础。

1. 3功利性

说到理想，我们难以忘怀少年周恩来"为中华之崛起而读书"的豪言壮语，他用一生实践了他的诺言，完成了他的理想，他的理想是为了更多的人谋幸福，为了这个民族的前途，而没有他个人的私利在里面，他不仅改变了自己的命运，也改变了成千上万人的命运，改变了这个民族的命运。人们常说心有多大，世界就有多大。少年必须理想高远，才能成就大的事业。而少年是国家的未来，少年的理想就是一个国家的未来的样子。如果只拘泥于眼前的个人利益，而没有长远的考虑，那么这个国家，这个民族还有什么前途可言！

作为社会中的个人，都不可避免带有社会属性，每个个体都深深打上他所属的那个时代的烙印。在市场经济大潮的冲击下，在东西方思想的碰撞中，人们的价值观念开始动摇，变化，甚至完全西化。作为中学生，虽然他们的生活圈子狭窄，没有什么人生阅历，但也不可避免受到影响，金钱的诱惑，物质享受，权力的贪婪，利益的竞争，他们也一样感同身受，他们的理想不可避免带有强烈的功利性，理想的核心主要是围绕着个人，当大官，赚大钱，贪图享受，物质追求成了他们最具吸引力的努力目标。而国家的发展，社会的责任，民族的未来，似乎都与他们无关，那都是别人的事情，不在他们考虑范围之内。凡事更多是计较利益的得失，合算的就做，不合算免谈，功利心就像一面铁墙，围住自己私利的同时，也挡住了更广阔的天空。

1.4 个人主义至上

当前的中学生群体表现为典型的双重价值体系,对自己和对他人的评价标准不一。一方面对他人的自私自利表示不满和愤慨,另一方面,自己在日常生活中又过分注重自我、集体观念淡漠;在理论上认同的道德规范,常常不能变成实实在在的道德行为;在道德评价方面多采取双重标准:只考虑自己,不乐于助人;只求权利,不愿尽义务;希望别人尊重自己,却不能以礼待人。在关系国家、民族利益的大是大非问题上,表现出较高的道德素质,而在一些个人小节上,又往往表现出较低的道德修养;对社会不良风气批评多,实实在在地从自身行动改变的少;言行上、思想意识上认同奉献和为他人服务,但行为上难以摆脱实用主义价值观的影响,表现出自私的一面。

1.5 追求物质享受

现在经济条件好了,人们有能力提高自身的生活质量,越来越多的人们讲究名牌,上有品位的馆子,这本来无可厚非,但也必须根据自身的实际情况,选择适当的生活方式。社会上某些人热衷名牌的心态,不可避免地会影响这些思想不够成熟、比较冲动的中学生,正是爱美、虚荣的年纪,会盲目地跟风,把心思都用在了吃穿打扮上,而不能把全部心思用在学业上。当前很多学生吃不惯学校食堂的饭菜,毫不吝惜地把不喜欢吃的饭菜统统倒进垃圾桶,穿衣服必是牌子的,连文具也要上好的,花起钱来大手大脚,追求时尚、新潮。同学之间比老爸,比房子,比车子,而不是比学习。

1.6 道德意识淡薄

从总的情况看,目前中学生思想道德状况的主流是积极向上的、健康的,他们普遍热爱祖国,拥护中国共产党,拥护党的方针、路线、政策,坚定社会主义信念,但有些学生在道德认识和道德行为上还存在一些问题,

中学班主任与学生有效沟通的技巧

对中华几千年的文化不感兴趣，崇尚西式文化，盲目追星，对于与自己无关的事，表现冷漠，不愿帮助他人。

2. 当代中学生的思想问题存在的原因分析

2.1 家庭原因

话说，父母是孩子第一任最好的老师。近年来，由于中国特殊的国情，每个家庭只有一个孩子，含在嘴里怕化了，捧在手心怕掉了，家庭教育的迷失，导致了许多令人困惑的怪现象：孩子学习挺好，但动手能力很差。许多孩子多才多艺，但心理素质很糟。许多孩子在学校是个"乖乖娃"，在家里却成了"小霸王"。还有孩子软硬不吃，成了很让人头疼的"铜豌豆"。孩子迷恋于网络不能自拔，进而出现了很多严重的社会问题。发生在学生身上的种种现象，怎能不引起我们教育工作者的审慎思考？

家长们因为自身的原因，常常把自己成长过程中的种种遗憾，转化成最美好的希望寄托在自己的孩子身上，把孩子看作自己的替身，因而对孩子成才的期望值较高。具体表现为：

其一，尤其重视分数。学习至上，成绩至上是孩子的唯一目标。家长包办了所有孩子的家务劳动，怕影响孩子的学习。倘若孩子考了个好分数，家里便是阳光灿烂，温暖如春；倘若孩子考差了，家长几天都没有笑容，阴云密布。这样孩子脑子里最重视的永远都是分数和成绩，在将来的社会生活中就变成了高分低能、适应力极差的书虫。

其二，唯学校论。不少家长认为，孩子学习的好坏是学校教育的结果，所以千方百计地为孩子找好的学校，甚至不惜花费重金让孩子上重点学校。很少有家长将孩子的学业失败归结为自己，将孩子不良习惯形成的渊源归结为自己。中华妇女联合会的一份资料表明，我国有接近3/4的家长教育方法欠妥或有严重偏离，只有不过1/4的家庭教育比较科学。很多专家呼吁家长们不要以为教育孩子可以无师自通,应该通过各种方式树立正确的观念,学习科学的教育方法。

孩子是父母的镜子,孩子是父母的"作品"。父母对孩子性格的形成起决定性作用。家庭是成功孩子的港湾和出发地,家长是孩子走向成功的导师和助手,既要负责孩子的身体发育,又要负责孩子的心理发育。既要重视孩子的智力发育,又要重视孩子各方面能力的培养;既要教会孩子学习知识,又要教会孩子学会做人。在孩子成长的道路上,性格、行为习惯起着决定性的作用,而孩子的性格和行为习惯的形成与家庭有着密切的联系,随着年龄的增长,很多情况下我们会发现孩子越来越像自己的父母,但是没有哪些孩子会越来越像自己的老师。美国人泰曼·约翰逊认为"成功的家教造就成功的孩子,失败的家教造就失败的孩子",从这个意义上讲,家庭教育是其他一切教育的基础,父母对于孩子的成长起着决定性的作用,怎么评价家长在儿童教育中的重要性都不过分。

没有家庭教育的后果是什么呢? 那就是整个社会道德、生活质量的下降。当前家庭从小带给孩子的是如何赚钱,如何才能过上一种所谓的"人上人"的生活,要么是有钱,要么有势,一切用钱来衡量一个人的能力。父母要么在商场奋斗,要么在官场打拼,很少关心孩子的品德问题,在父母的潜移默化当中,孩子越来越势利。

学生良好行为习惯的形成,必须是良好的学校教育与良好的家庭教育密切配合的结果。在学生中出现的种种怪现象,真实地反映了现实社会中的一些不良意识正在潜移默化地污染着学生的心灵。消除怪现象,亟待学校、家庭和社会的共同努力,为了孩子的健康成长,我们必须对家庭教育进行指导和帮助。

2.2社会原因

改革开放以后相当长的一段时期内，教师在抓物质文明建设的同时，一定程度上忽视了精神文明建设，放松了对青少年的道德教育。随着改革开放的不断深入，中西文化的碰撞，外来的东西鱼龙混杂、泥沙俱下，部分中学生不能明辨是非，从而产生道德下滑现象。学生在课堂上接受的是人生观、价值观教育，接受的是高尚的思想情操熏陶，然而包围学生的是一个五花八门的多彩世界，人们碰在一起，往往谈股票，谈生意，谈某人中奖的红运，谈某人财气。另一方面，目前的文化市场中，部分商人为了追逐市场卖点、牟取高利，置社会责任感于不顾，在为中学生提供的阅读材料中，掺入不少庸俗、低劣、暴力、色情的东西。对网络的监管乏力，不良信息进入中学生的视野，很容易误导他们的思想。

2.3学校原因

一是受应试教育的影响，中学教育重智育、轻德育，片面追求升学率，这些原因在一定程度上导致了中学生不良道德行为的发生。二是多教书本知识，少进行社会实践。大多数学生的生活范围就局限于家庭和学校之间，直至走向社会才发觉世界原来是如此多彩，却又是那样的无奈。三是学校的德育工作依然留于传统的说教形式，跟不上时代的步伐，引起学生的反感和抵触情绪，在一定程度上削弱了德育的效果。

最近一组题为"杜甫很忙"的学生恶搞杜甫的涂鸦之作火遍了网络：老杜时而成为送水工、机枪男，时而又变成各种动漫形象，海盗路飞、宠物小精灵、火影忍者……喜感十足。此类涂鸦触动了众多网友的记忆，他们也纷纷加入了恶搞行列。

具体而言，学生恶搞杜甫基于两种心理：一是释放压力。他们在穷尽想象恶搞杜甫的过程中，无疑能体会到一种精神放松和愉悦，这有助于减轻和释放应试教育带来的精神压力。二是发泄对杜甫的不满。我查过课文练习和教案，都有背诵全诗的要求。如杜甫、李白、鲁迅等"特别忙"，因为他们的诗文均是考试课文，不但出现频率高，而且都要求"全文背诵"，让学生恨得"咬牙切齿"。这不，为了"发泄"多年背书的"怨恨"，同学们毫不手软地给杜甫画了一个考试"死当"（不及格），并附送诗两句"考前全没背，暑假来相会"。

必须指出，学生们恨杜甫只是表象，他们真正痛恨的是机械的授课模式和死记硬背的功利教育。当学生们尚未摆正心态，以一颗平常心去朗诵体会《登高》此类经典作品之前，老师就将考试要求布置给学生，将一篇美文当作敲门砖传递给学生，学生哪能不犯恶呢？问题是，根据教学大纲和现行的考试要求，老师不能不这样做：将所有入选的重点课文作为试题例子来教。久而久之，学生也就失去了感受文本的能力，心灵变得越来越粗糙和麻木，不但无法体会文本的美感，甚至会从《登高》这样抒写大悲痛的诗文中读出喜感，这真是教育的悲哀。

【经典链接】

1. 思想上的努力，正如可以长出大树的种子般，在眼睛里是看不见的。但人类社会的明显的变化正发生于其中。——托尔斯泰

2. 宇宙万物之中，没有一样东西能像思想那么顽固。——爱献生

3. 人的思想如一只钟，容易停摆，需要经常上发条。——威·赫兹里特

4. 思想，只有思想，才能辨别是非；思想，只有思想，才能调节人的行为和欲念。——乔·摩尔

5. 亡而存之，废而举之，愚而智之，弱而强之，条理万端，皆归本于学校。——梁启超

二、引导把握正确的人生航向

理想是灯塔。没有理想，就没有明确的航向；没有航向，就没有生活。——列夫·托尔斯

胡锦涛总书记指出，一个社会是否和谐，一个国家能否长治久安，很大程度上取决于全体社会成员的思想政治素质。青少年是祖国未来的建设者和构建社会主义和谐社会的生力军，加强青少年思想政治教育，是中小学坚持社会主义办学方向，培养社会主义建设者和接班人的中心任务。近年来，在中学生思想政治建设中存在的问题日益突出，已成为一个关乎社会安全、稳定与发展的社会问题，与构建和谐社会极不相称，进一步加强中学生思想政治建设迫在眉睫。

长期以来，受应试教育的影响，学校和家长在教育学生的过程中只重视智力教育，忽视了学生心理素质和健康人格的培养；随着改革开放的深入，东西方文化的碰撞以及各种书刊、影视、媒体与网吧等负面效应的影响，导致当代中学生的思想呈多元化发展。"一些领域道德失范，诚信缺失、假冒伪劣、欺骗欺诈活动有所蔓延；一些地方封建迷信、邪教和黄赌毒等社会丑恶现象沉渣泛起，成为社会公害；一些成年人价值观发生扭曲，拜金主义、享乐主义、极端个人主义滋长，以权谋私等消极腐败现象屡禁不止等等，也给未成年人的成长带来不可忽视的负面影响。互联网等新兴媒体的快速发展，给未成年人学习和娱乐开辟了新的渠道。与此同时，腐朽落后文化和有害信息也通过网络传播，腐蚀未成年人的灵魂。在各种消极因素影响下，少数未成年人精神空虚、行为失范，有的甚至走上违法犯罪的歧途。这些新情况新问题的出现，使未成年人思想道德建设面临一系列新课题。"

作为学生思想政治教育者，要了解工作的性质、要求和任务，要了解我们工作的对象，掌握学生的思想状况，知道当代中学生缺少的是什么，这样才能做到有的放矢。

1. 教师为人师表

《论语》认为："其身正，不令而行；其身不正，虽令不从"。俗话说得好："身教重于言教"，做比说更重要，"榜样的力量是无穷的"。教学生怎样做人的人，他的一言一行，一举一动，具有强烈的导向和示范作用。只有以身作则，为人师表，才能起到人格的感召作用，才能引导学生修德向善，培养出品德高尚的人。凡求学生做到的，自己首先做到；凡不允许学生做的，自己坚决不做。比如，要求学生遵纪守法，自己就应带头模范遵守；要求学生正大光明，正直无私，自己就要一身正气，是非分明，淡泊名利；要求学生发奋读书，苦学习，自己就要严谨治学，博学多才；要求学生团结友爱，自己就要热心公益，关心他人；要求学生文明修身，自己就要谈吐文雅；要求学生衣着朴素大方，自己就要端庄整洁；要求学生诚实守信，自己就要表里一致，言行一致，说老实话，干老实事，做老实人，一诺千金；要求学生艰苦奋斗，勤俭节约，自己就要奋勇拼搏等等。苏霍姆林斯基说："教师个人的范例，对于受育者的心灵是任何东西不可替代的最有用的阳光。"所以思想政治老师要具有高尚的人格，具备良好的道德和专业素养，注重自身的人格修养，尊重、热爱学生，关注学生的成长与发展。要有正确的教育思想，科学的管理理念，有包容百家的宽阔胸怀，有民主作风，尊重学生的不同意见和性格，理解和宽容学生成长过程中发生的错误，积极构建平等对话、相互尊重、互动交流的新型管理关系，形成符合学生身心健康发展规律的管理行为导向，使学生自然地接受学校管理行为的有益感染和熏陶，引导学生健康成长。

2. 引导学生多了解历史, 关注时事

指导学生学习经典名著, 学习中国历史文化, 学习五千年丰厚的人文文化积累, 它是我们宝贵的精神财富和思想财富, 优秀的人文知识是人类真、善、美集大成者, 今天的学生没有任何理由抛弃它。通过中国历史文化的了解, 学生能感受到中国传统文化博大精深, 感受到中华民族的伟大, 进而将其内化为自强不息、勇于献身的爱国情怀和振兴民族的伟大精神。

苏霍姆林斯基认为:"没有情感, 道德就会成为枯燥无味的空话, 只能培养伪君子。"列宁也明确指出:"没有人的感情, 那就从来没有也不可能有对真理的追求。"没有爱就没有教育。思想道德品德课教师, 是通过讲授人生的道理启迪人的心灵, 在教学当中更应该用心、用爱、用情, 满腔热情地关爱、体贴和帮助学生, 促进他们健康成长。一方面要了解学生, 一方面要用深刻的道理和生动的事例感动学生。做到动之以情, 施之以爱, 以情感人; 晓之以理, 说理引导, 以理服人。具体来讲, 应做到: 加强沟通, 了解学生。教师对学生应充满爱心, 既严格要求, 又态度温和, 客气有礼貌, 能放下架子, 走近学生, 多接触学生, 多给学生一些微笑, 多参与学生一些活动, 与学生打成一片, 与学生进行近距离甚至零距离交流和心灵上的碰撞, 做学生的知心朋友; 理解包涵, 宽容学生。关心学生, 帮助学生, 指导学生。对学生中存在的一些思想政治、道德品质、个性心理等方面的疑惑与问题, 既回避不得, 又"堵""压""罚"不得, 而应变讽刺、挖苦、指责、训斥、处罚为疏导、说理、激励、赏识。正视学生的兴趣、爱好, 以及智力、学识、品德、觉悟层次的差别, 不用单一标准要求所有学生, 尊重学生、理解学生、肯定学生、丰富学生、发展学生、完善学生, 促进学生全面自由发展。

3. 提倡人文关怀

中共十七大报告第一次提出"加强和改进思想政治工作, 注重人文关怀和心理疏导。"人文关怀和心理疏导这两个新名词透露了我们党"思想政治工作的新变化"。以前思想政治工作是教育人，现在提出人文关怀和心理疏导，体现了党对人的关怀、社会对人的关爱，严肃的思想政治工作开始关心人内心的感受，引导人们正确对待自己、他人和社会，正确对待困难、挫折和荣誉。

以育人为本，以学生为主体，把学生内在的积极性和主动性充分地调动起来，努力使得这门课的学习成为学生内在的强烈需求，把思想政治教育的目标变成学生自觉的行动、自主的行动，把思想道德教育做到学生的心里去。真理当然要传授、要灌输，但课程成功与否的最终衡量标准，是学生是否学会了，真懂了，真信了。教师要有很高的理论水平，同时又能解决学生的实际问题，要联系学生的思想实际，联系学生关心的一系列问题，把道理讲深、讲透、讲明白，讲得让他们信服。

以发展眼光看待当代中学生成长中遇到的新问题，并清醒地认识到这些新问题的出现是时代的产物；要用发展的态度对待自己，教育思维、观念和方法要随学生思想品德变化的新情况随机而变。其次，观念意识的转变还体现在：教师应与学生处于平等地位，体现平等性原则。当代中学生平等意识极强，他们再也不愿只是被老师牵着鼻子走；他们渴求理解与尊重，希望与老师平等对话。教师如果还是居高临下，非但不能取得预期效果，反而会促使学生的反感与对立。

4. 注重心理健康教育

心理健康教育与德育的关系十分密切。开展形式多样、生动活泼的心理健康教育活动。中学的许多课程都包含着丰富的心理健康教育内容。教师应深入地挖掘教材的教育潜能，对中学生实施自觉的、有意识的影响，达到润物细无声之效。学校必须大力开展心理健康教育的科学研究，促进

心理健康教育向高层次、高效能方向发展。在注重思想教育的过程中必须注重心理健康教育，使学生避免或消除种种心理压力而造成的心理应激、心理危机或心理障碍，增进身心健康，以积极的、正常的心理状态去适应当前的社会环境，预防精神疾患和身心疾病的产生，加强对他们的心理健康教育。平时要多关心学生，注意观察学生思想动态，正确地开导学生，培养学生乐观、向上的心理品质，促进学生人格的健全发展，使学生不断正确认识自我，增强调控自我、承受挫折、适应环境的能力；培养学生健全的人格和良好的个性心理品质；对少数有心理困扰或心理障碍的学生，给予科学有效的心理咨询和辅导，使他们尽快摆脱障碍，调节自我，提高心理健康水平，增强自我教育能力。

5. 善于与大家合作，加强与家长的沟通

学生的思想政治工作是一个整体和浩大的工程，不是凭借一个或是两个人就能完成的，这就要求能够团结和利用一切可以利用的优势，经常与家长联系沟通，更深入地了解学生，共同教育学生。

只有当学校教育和家庭教育形成了合力，我们的教育才会收到事半功倍的效果。因此，学校要充分利用家长学校和家长会，利用现代教育和素质教育的观点，全面指导家庭教育。

a. 指导家长"信任孩子"。孩子是新生力量，相信孩子，就是相信自己。每一个家长，都应该对孩子有充分的信心。

b. 鼓励孩子。当孩子遇到挫折、遭到失败、犯错误之时，家长应该容许孩子的不足、失败，从孩子令人不满的状态中发现积极的因素，向孩子表达自己对此的看法、宽容的态度以及对孩子的期望，以使孩子从中获得鼓舞，不断奋进。无论孩子成绩如何，家长都给予孩子以正面的鼓励。当孩子遇到挫折、遭到失败、犯错误之时，他们特别需要家长的理解、宽容、尊重、鼓励，此时家长对孩子令人不满的现状的认识、态度，严重地影响到孩子今后的学习、生活与发展。或进或退很大程度上取决于家长的认识与态度，宽容、欣赏、鼓励使孩子获得信心、力量与进步，而苛刻、不满、打击使孩子自卑、泄气、退步。现实生活中，很多家长习惯于对孩子苛求、不满、批评，而较少宽容、鼓励、支持，即使是孩子取得了进步，内心满意孩子的成绩，表面上也是不欣赏，担心孩子因此骄傲，笔者提出："没有不需要欣赏、鼓励的孩子，只有不去欣赏，鼓励孩子的家长。"

　　家长应该为孩子的做人做事树立良好的榜样，以身作则，使孩子耳濡目染、潜移默化地形成正确的认识观点、态度及良好的行为习惯，因为在家庭教育活动中，家长的身教更容易使行为规范具体形象化，体现出行为规范的可信性、可行性，家长在亲子关系中具有权威性，青少年以观察模仿为重要的学习方式，所以家长应该以身教为首要的教育方法。许多家长常常进行言教，而忽视身教。家长不仅应该从身教的作用理解它的重要性，而且应该从家庭教育的角度来增强身教的自觉性。家庭教育中，家长具有教育子女的意图时，家长比较容易意识到自己的言行、形象对孩子的教育意义，注意进行身教；而在有些家庭教育活动中，家长没有教育意识，这时家长很难意识到自己的教育责任，不容易做到注意自身形象进行身教。所以，家庭教育模式给家长以启示：家庭无小事，事事是教育；家长无小节，节节皆楷模。

【经典链接】

　　正因为有了理想，生活才变得这样甜蜜；正因为有了理想，生活才显得如此宝贵。因为，并不是任何理想都能如愿以偿！我将带着对生活的热爱，对生活的憧憬一直走下去，永远走下去……——艾特玛托夫

　　走得最慢的人，只要他不丧失目标，也比漫无目的地徘徊的人走得

中学班主任与学生有效沟通的技巧

快。——莱辛

谁为时代的伟大目标服务，并把自己的一生献给了为人类兄弟而进行的斗争，谁才是不朽的……——涅克拉索夫

一个精神生活很充实的人，一定是一个很有理想的人，一定是一个很高尚的人，一定是一个只做物质的主人而不做物质的奴隶的人。——陶铸

理想的人物不仅要在物质需要的满足上，还要在精神旨趣的满足上得到表现。——黑格尔

第三节　引导学生正确处理与周围人的关系

一、每个人都可以是你成功的助推器——宽容是最好的美德

人是群居动物，有人生存的地方就存在着各种各样的人际关系。一个人如果能生活在一个和谐环境中，就会消除孤独感，产生安全感，保持情绪的平静和稳定。一个学生如果生活在一个温馨的集体中，如果能与他周围的同学、老师建立起和谐的关系，他就不会对学校生活产生抗拒感，对学习也会更感兴趣。高中学生的一般年龄都在15—18岁之间，从心理学上划分正值青年初期。他们正逐渐摆脱初中生的幼稚，走向成熟。高中生之间人际关系不像成年人那样复杂，但是对人际关系却比较敏感。对于正在成长中的他们，在学校这种人群聚集的环境中，能否妥善处理和协调各种人际关系，显然会影响到学生的学习和生活，而且能够说明他们心理健康

水平的高低。培养他们的良好人际交往能力，建立良好的人际关系对于高中生健康成长尤为重要。

对高中而言，他们接触的对象主要是家长、教师和同学，所以他们最容易在思想和情感上和家长、老师、同学发生矛盾、冲突和碰撞，他们所面临的最主要的人际关系就是亲亲关系、师生关系和同伴关系。

二、引导学生正确处理与家长的关系

1. 引导学生正确看待自己与父母之间的"代差"

"代差"是代际差异的简称，一般指两代人在思想、行为、价值观念方面的差异。现代社会发展速度飞快，不同年代，不同历史背景下出生的人由于年龄、经历、历史条件、看问题的角度等有所不同，必然在心理活动和行为方式等方面表现出一定的差异。学生和家长在年龄上相差20—30岁，有的甚至差异更大，一定会存在代差，而且这种代差表现得更为明显。现在的高中生多出生九十年代，而他们的家长则多出生于六十年代和七十年代，这两代人无论在思想方面还是在做事风格方面都存在明显的差异。比如家长们都经历过艰苦的生活，比较能吃苦耐劳，更懂得珍惜生活，做事稳重等。90后的学生们思想开放，思维活跃，习惯优越的生活，习惯不劳而获，懂得享乐，不懂珍惜，不懂感恩等。不同的时代背景，不同的成长环境，使学生和家长之间的矛盾就像一道天然的鸿沟，横亘在两代人面前，一直无法跨越。引导学生正确处理与家长之间的关系，首先要引导学生正视这一差异的存在，不能逃避，更不能遮掩。

2. 做好学生与父母沟通的桥梁

现代学生与家长之间的分歧和矛盾已经是一个不可回避的话题，老师

作为学生在学校的教育者,肩负着学生和家长的双重期望,要想帮助学生在学习和生活上得到提高或者是实现跨越,就避免不了的要和学生、家长来共同面对他们之间存在的矛盾和分析,并充当二者沟通的桥梁,在实现良好沟通的基础上,达到自己的教育目的。

我班宋非凡(化名)同学的父亲是国企的领导,在该生从小到大的学习中,其父投入大量的时间和精力,孩子在父亲的监督和管理之下,成绩也一直名列前茅,可以说,单纯从学生的成绩方面来讲,其父称得上是一位称职的父亲。

高一开学不久,我就因为该生的优异成绩很快地认识了他,并且试图在课堂上多与他交流,使其能够感受到老师对他的关注,并在成绩上有更大的突破。但是大概一个月下来,我发现这个学生虽然成绩一直不错,学习也不乏主动性,但是却谈不上积极,更看不到他对学习的兴趣和在学习中所感受到的快乐。经历了一段时间的观察后,我找学生进行了一次深入的交流。在交流中,学生简单地谈了自己对父母的认识以及自己产生目前的状态的原因。学生说,其父母都是从农村出来的,几十年来两个人就是靠着自己的不断学习和艰苦付出,一步一个脚印地实现了今天的成就。从他出生起,其父母就教育他知识改变命运,知识就是力量,并且对他严格要求,希望其能通过自己的努力实现自己的人生价值。该学生还谈道,在他的心中,他一直非常尊重自己的父亲,认为自己的父亲是一个值得尊重的男人,更是一个称职的父亲。父亲严格要求自己,对家庭有责任感,不溺爱子女,总是能给他正确的指引,并能为他的人生做出规划。但是学生也谈道,正是由于自己父亲的这种严格要求,正是由于父亲的这种理智和规划才让他觉得自己缺少了生活和学习的价值,似乎自己就是父亲的一盘棋,虽然父亲一直在朝胜利的方向努力,但是棋盘上的每一粒棋子怎么走都由父亲牢牢掌控,他根本没有自己选择的权利和空间。学生还坦言，他不是不喜欢学习，正是由于从小到大父亲对他的培养，学习已经成了他生活中的一种习惯。他也不觉得学习辛苦，相反在学习中他能收获许多乐趣。但是只要一想到自己无论是学习或者考大学都是为了实现父亲的安排，为了完成父亲的既定目标，他就心里不是滋味，所以上课老师讲老师的，他听他的，只要考试不被落下，上课怎么听怎么学那是他的自由。课堂是唯一父亲的意识掌控不了的地方，也是他最后的自由的栖息地，所以他宁愿在沉默中享受自己的宁静。

听了学生的话，我想任何一个老师都能感受到这个孩子思想的深邃和他内心深处的那份对自由与自主的渴望。面对学生，我不知道如何为其父亲开脱，更不知道如何替其解释。我和他的父亲没有相似的生活经历，我和学生更不是一个年代的人，所以我不能简单地用成人的眼光和思维去肯定其父亲而冰冷了孩子刚刚向我敞开的心扉。我望了男孩许久，拍了拍他的肩膀，说了句"啊！原来是这样！"就让他回班了。

事后，我找到了学生的家长，在充分肯定孩子学习成绩、学习潜力和为人品质的同时，与家长委婉地转达了学生的想法，并建议家长在平时的生活中多和儿子沟通，比如打球、钓鱼、旅游或者带儿子参加自己的社交活动，在开阔学生的视野的同时，锻炼孩子的交际能力，并且让孩子了解父亲的生活，并在这些过程中多给儿子分担任务和承担责任的机会。在以后的一个月的生活中，我偶尔让该生给我推荐一部他读的好书，偶尔让他给我打饭，偶尔还和他一起打羽毛球。虽然这个过程中，我什么也没对他说，但是他和我更亲近了，在我的课堂上也看到了他举起的手，虽然不高，但是我们的眼神有交流。

在教育学生的过程中，教师经常还肩负着教育家长的任务。我们的很多同行经常被两件事情纠结，一件是教育不了学生，一件是左右不了家

长。其实，很多时候，我觉得我们忘了一句最简单的话，那就是——"我只是个老师"。我们只是个老师，无论是成长了十几年的学生，还是历练了几十年的家长，我们都不可能期望在一年甚至几年的时间内去改变某个人，我们唯一能做的就是在二者之间的沟通中起到一个桥梁、润滑剂或者催化剂的作用。这个学生的家长是一位领导，更是一位经历过艰苦生活的成熟、成功人士，他对自己的人生是满意并且充满自豪的，他对自己给孩子安排或者规划的道路深信不疑，因为他自己就是最有力的实践者。凭我一个年轻的小小的老师，想改变家长的想法是不可能的。我所能做的一切都是站在家长和学生的角度呈现事实，并且给一些他们都能接受的提醒或者建议。肯定学生的优秀，并且让其认识到学生的潜质和与众不同之处，不仅能使家长认识到自己孩子的优秀，肯定自己若干年来付出，而且让家长首先在心理上接受眼前的老师，认为老师是个志同道合之人，和自己是站在一个战壕里的战友，和自己有着一样的眼力。这位父亲是一个负责任的父亲，他对孩子的一切严格的要求都是出于对孩子的未来人生负责任的角度，无论老师如何表达学生的意愿，或者如何为学生的经历而感到不平，都不可能从根本上改变家长的做法和想法，与其这样做，不如从家长一切为了孩子的角度出发，给其提一些有利于改变目前与学生之间的关系并且和家长的最终目的保持一致的建议。这位父亲希望自己的儿子成才，希望自己的儿子更优秀，所以他自然愿意培养孩子的多方面兴趣，让已经成为一个小男子汉的儿子多见世面，多接触社会，多了解自己的生活，甚至有朝一日成为自己的接班人。而在这些接触中，父子在摆脱了单纯的监督和管理的关系之后，也会更容易了解对方，更容易亲近。

去年的教师节，我收到了这个学生家长的一条短信，内容是："毕老师：谢谢您的良苦用心。"我很幸运，我碰到了一个爱儿子的父亲，我碰到了一个善于感悟的家长，我用我自己的对学生和家长的不成熟的宽容，我实现了一个小小的老师的大大的愿望。

三、引导学生正确处理与老师的关系

1. 告诉学生"你们可以恨老师"

"从小到大，我有个最恨的老师。小学二年级，我家从农村搬到县城，从来没来过县城的我对周围的一切都那么陌生，又那么好奇，我渴望老师能喜欢我，同学能接纳我。来到新学校，住惯了平房的我是那么的喜欢我们的楼房教室，却也不知道我们的楼房教室内没有厕所，而最近的厕所要在我们教学楼后面五十米远的地方。我们班在五楼，从五楼跑到一楼，从一楼跑到厕所，从厕所跑回教室，我无论怎么加快速度也赶不上时间的脚步，每每总是踩着铃声进门的我总是无法面对同学们异样的眼神，无法接受老师的挖苦，更惧怕老师点在我脑门上的粉笔。那白色的印记像是古代印在'最烦脸上'的刺青，像一个标记一样让本来就胆战心惊的我更加自卑。于是，从那个时候我开始恨老师。恨那个给我叫我'迟来'的老师，恨那个用粉笔在我脑门上留下耻辱的老师。"

这是我在新学期开学不久的一样课上给我们的学生们讲的我的恨老师的故事。

高中生的心理发展正处于突变时期，他们的成人感和独立意识增强，认为自己是个可以独自判断和解决问题的大人。在老师眼中，学生意志力薄弱，思维简单，情绪不稳，又不足以把他们当作成人看待。老师和学生之间的这一矛盾成了永远不可调和的矛盾，老师的教育和教学态度、方法，学生的思维方式和判断能力的差异，使一部分学生产生了一种对立情绪，期

望通过敌对来实现自己的独立和坚强，希望通过恨老师，在与老师的较量中在精神上将老师击败。"恨老师"是老师们最不愿意触及的话题，现实教育中确实存在而且不可避免的问题。

刘墉先生在写给女儿的书中谈及了一个话题，其中之一就是"恨老师"。开学两个月，我在语文早读中给学生印发了这篇文章，与同学们分享了自己的经历，让同学们就此话题写了周记，并且在平时的学习中经常与学生就此问题交流想法。

刘墉先生认为自己的女儿之所以恨老师的原因是那个老师没有给予她特殊的待遇。其实，在平时的学习中，很多的学生恨某个老师就是因为这个老师没有像其他老师一样给予他鼓励、信任或关注。

无论是哪种形式的不喜欢老师或者恨老师都是可以的。人无完人，老师是知识的传承者，是心灵的导师，但老师也是一个普通人，有普通人的习惯，也有普通人的缺点。如果你对一个老师的人品表示怀疑，你可以对他的为人不屑一顾，如果你因一个老师没有给予你特殊的关注而心理失衡，你可以坚持自己的疏远，但是你一定要懂得如何"恨老师"。

2. 引导学生如何"恨老师"

学生不喜欢老师或者恨老师是学生的权利，但是就像刘墉先生所说的那样，你并没有在该学科或者是该课堂或该领域中表现得特别突出，老师为什么就一定要给你特殊的照顾和关注呢？学生因为老师没有特别重视他而不喜欢老师，而愈不喜欢老师就愈不好好表现、愈不跟老师合作，结果恶性循环，老师愈不喜欢学生。每个人都希望得到别人的重视，但是那"得到"应该是"赢得"，而不是莫名其妙地硬要别人对你刮目相看。

我跟我的学生讲，学生可以恨老师，无论是像上述这种情况，还是老师确实是在师德上存在不足，或者是在教育上做得不够好，但是无论是哪种形式的恨老师，都应该把这种"恨"建立在不断完善自我的前提下。古语有言"亲其师信其道"，一个学生只有从心灵深处和一个老师亲近才能真正地信服一个老师。我们可以与老师不亲近，我们也可以不相信老师的道理，或者怀疑老师的人品也可以。但是，老师的"道"并不是他所讲的知识，无论他是教授自然科学还是人文科学，他都是在传授人类的文明，并不能因为老师某些方面的不足而阻碍了自己和知识、真理靠近的道路，更不能因为老师没有给予自己特殊的关照而封闭自己感受世界的心灵之窗。学习永远是自己的事，不是"秀"给老师看的，也不是专用来"报答"老师或"报复"老师的，就算老师对学生你印象坏透了，还是应该努力学习，甚至说你更应该加倍用功，证实自己的好，给老师看才对啊!或者说老师实在坏透了，那更得学习，不能因为他的错误而影响了你的一生，坏老师教出的好学生更让人尊敬。

从农村初到城市的我本来学习成绩很差，勉强能跟得上，但正是因为老师给我起的外号，正是因为老师用粉笔点我的脑门，我才认识到自己在这个新环境中的微不足道。在以后的学习中，我每次考试都有进步，终于在小学六年级毕业之前考到了全班第一名，虽然老师对我的成绩只字未提，但是从她躲闪的眼神中，我已经证明了我的胜利，而且她再也没有用粉笔点我的脑门。高考后，当我以全市第二名的成绩考上重点大学，并且在取通知书回家的路上巧遇那位我恨得刻骨铭心而她却已经不认识我的老师时，我才知道原来这位一直以来让我"怀恨在心"的老师竟是我人生路上的助推器。

四、引导学生正确处理与同学的关系

现阶段的高中生多数为独生子女。独生子女大多从小生活在一个与同龄儿童接触较少的家庭环境中，家庭溺爱，所以形成了争强好胜、不肯谦让、受不了委屈的心理特征；独生子女来自不同环境，有不同生活习惯，难免会对彼此不适应、不满意；男生讲究哥们义气，感情用事，难免因为小摩擦而产生排斥个别同学，或者形成狭隘的小团体主义的情况，严重的还会大打出手。

现阶段的学生，论讲道理，他们也许比老师讲得还明白，分析得还透彻，但是要在实际行动中，他们就是控制不住自己的情绪，压抑不住自己的怒气。我教的班级都是理科班，所以班级的男孩占的比例很大。高中阶段，女孩之间的矛盾更多地表现为狭隘的小团体主义，而男生的矛盾一旦爆发就可能升级为武力争端。针对以上现状，在引导学生正确处理与同学的关系时，我在对学生的引导中主要走情感路线，以说服教育为辅。

开学初，我就利用语文阅读课的时间，给学生朗读在自己的周记里表达对新班级、新老师和新同学满怀着热烈的情感的文字，并且大声告诉学生作者的名字，这样学生最开始就对这些爱集体的人刮目相看。在平时的教学中，我时不时地带领学生展望三年后毕业时的情景和毕业时的活动；会在某一个学生转来或者某一个学生转走时给学生讲发生在我身上或者我周围的一些同学间的互相帮助或者永生诀别的实例，让学生认识到这些此刻就坐在他们身边的同学将是他们走过自己最苦、最累，但也是最充实、最有梦想的高中三年的同学；坐在他身边的那个男孩将是睡在他上铺三年，见他比见父母时间都多的兄弟。在我教的班，学生都会唱两首歌，一首是《睡在我上铺的兄弟》，一首是《祝你一路顺风》。

我的学生们相对前几辈人而言，他们可能确实是争强好胜、不肯谦让，但是他们却不自私、不冷漠，他们身上依然有孩子的单纯，年轻人的热情和冲动。他们是独生子女，但是正是因为他们是独生子女，才更能感受到独生子女的那种孤独，渴望伙伴，也更懂得珍惜难能可贵的友谊。

学生的冲动和热情如情感的洪流，那么凭老师的一人之力是无论如何也没有办法堵截的，最有效的办法是老师也将自己融入情感，将洪流化成涓涓溪水。正所谓"好雨知时节，当春乃发生。随风潜入夜，润物细无声。"

第四节　关心学生的生活

【导语】

毛泽东同志说过："人是要有帮助的。荷花虽好，也要绿叶扶持。一个篱笆打三个桩，一个好汉要有三个帮。"人是一种群体性的物种，任何人的生活都很难离开群体，在一个群体中就每个人的生活而言都不可能一帆风顺，都会遇到大大小小的困难，在这个时候每个人都希望得到周边人的帮助。以便更快地走上顺利发展成长的道路。有的时候我们遇到的问题在我们看来是很困难的，可能在别人看来却是很简单的事情，有的时候我们认为没有办法解决，在别人看来却是举手之劳。

"校园"这样一个美丽的名字，生活在这里的主体就是学生和老师。这里往往被人们当成是一片净土。在这里我们应该时时处处能看到世界最

温馨的两个字"关心"，世界上最和谐的两个字"帮助"。我们的校长总是说：学校无小事，事事有教育。其实在校园中我们对学生最好的教育就是教育学生学会关心别人，学会帮助周边的人。因为关爱是世界上最好的礼物，当你给人时，别人会用同样的方式来回敬你。学生之间相互关爱，就会使同学们之间的关系更为融洽，教室里就会有更多的欢声笑语，需要老师去解决的学生之间的纠纷就会大大减少。师生之间相互关爱，就会使师生之间的矛盾逐渐减少。在学生遇到学习的困惑时老师轻声的一句点拨，就会使学生露出微笑；在学生遇到生活的困难时，老师的点滴帮助就会使学生永记不忘，一生都会怀有感激之心。这既是对学生的一种帮助，更是对学生的一种教育。所以关爱我们的学生包括关爱他人，其实也会让我们体味人间的温暖，因为播种一颗爱心，就会收获一种快乐。得到他人的关爱是一种幸福，关爱他人更是一种幸福。

一、解决学生的经济困难，帮助学生树立自信

助人为乐是中华民族的传统美德，一个人的成长过程中，一定得到过许许多多人的帮助和关心，正是因为有了大家的互相帮助、支持才构成了我们今天这样一个和谐的社会。中国的教育国情决定了在学校的生活中，我们总是会遇到一些经济困难的学生。他们在学习上往往很优秀，在生活上很节俭，在处事上很谨慎。有的学生因为家庭困难，难以支付在上学期间的各种费用而被迫辍学。有的学生则可能非常幸运，能得到同学、老师、社会各方面的关爱而完成各阶段的学业，顺利升入高一级的学校。

苏霍姆林斯基说过："什么是我们生活中最主要的东西呢？可以不假思索地说，就是热爱儿童。"学校有大有小，学生的数量有多有少。但在中

国的任何一所学校中都存在着一些家庭经济困难的学生。由于经济困难又得不到帮助的话，就会使这部分学生产生一系列问题。一是生活上的问题，现如今学生上学很多都已不是在家附近，尤其越是家庭经济困难的学生离学校往往就越远，因为他们多数是来自偏远农村地区，所以一旦家庭出现经济困难，上学之不易很快显现出来。交通问题、食宿问题、学习备品问题，正常的书费、本费、学费问题等就都压在学生稚嫩而幼小的肩上。虽然一个学生正常的经济支出并不是很大，但对于一个家庭经济困难的学生而言每一笔支出都不是一个小的数目。二是心理上的问题，一般情况下家庭经济困难学生在心理上表现与正常家庭的孩子也有所不同。他们多表现为自卑、小心谨慎、做事缺乏自信等等，这对孩子的心理成长非常不利。所以解决学生的经济困难，不仅是帮助学生度过生活上的困难期，更要帮助学生在解决经济困难的同时，树立生活与学习的自信。这也是对一个学生一生的健康成长负责。2007年我们班级来了一个外地的学生名字叫张小楠，当时是她的母亲带着她来报名的，办理完了入学手续后母亲就匆匆回家了。孩子最初来的时候也和其他同学一样参加军训、跑步、上课等等。虽然是一个女生，但她运动能力很强，特别喜欢打篮球。她曾经告诉我说在初中的时候曾经学过篮球，后来因为种种原因就放弃了。几个月的时间过去了，随着同学之间、师生之间的日益熟悉，班级里的同学就发现张小楠同学很少与其他同学在一起吃饭。中午有很多同学都是哪有好吃的就几个人一起去购买，但她从来都不去，每到吃饭时都是在同学们争先恐后跑出教室之后十几分钟才独自一人去食堂打饭。有时同桌同学叫她一起去，她总是说再整理一下笔记或者再做完一道题。等到同学们都吃完饭到操场玩了一阵子，她才又一个人从食堂出来，回班休息。后来班长把这件事告诉了我，我留心观察了一段时间，果然如此。我想如果孩子的困难不是很大还不需

要帮助的话，我们就最好不要打扰了她的正常生活与学习。如果孩子确实很困难需要帮助的话，我们就想办法尽力地去帮助她一下，让她在我们这个集体中感受到大家的温暖。"爱人"是帆，"爱己"是船，只要彼此推动和支撑，就能使爱心长存，爱意永驻。作为老师，我首先要了解一下她的家庭情况，一个星期六的下午放学了，同学们都陆续地被家长接走了，教室了只剩下了她一个人还在静静地看着窗外那天漫飞舞的雪花。我走进了教室似乎若无其事地看了一下，问她："小楠，同学们都走了，你怎么还不走啊？"她看见了我，回答道："我家远，我妈又特别忙，所以这周就不来接我了，让我先住在学校一周。"我问她："那你妈妈是做什么工作的，怎么会这么忙？"她犹豫了一下说："我妈妈是送报纸的。"我又问她："那你爸爸不能来接你吗？"她低下了头，没有再说话，我也没有再问她这个问题，我们又一起说起了学习问题。从我们的谈话中我了解到她非常喜欢这所学校，这是她们农村那里所不能比的，这里的环境、老师、同学都是她非常喜欢的，她的妈妈为了让她能接受好的教育才花了家里多年的积蓄供她到市里的好学校上学的。后来有一次周六她母亲来，我便有意让她母亲早一点来到学校，与她进行了一次面对面的沟通，通过沟通让我更加了解了张小楠的家庭状况。原来她们家里原本困难，父亲每年都外出打工挣钱，母亲在家里种地，一年的收入也没有多少。但是前年父亲在外地打工的过程中就又再婚，使这个家庭变成了离异家庭了，父亲不再回家，整个家庭的负担就全都由妈妈一个人支撑着。为了让孩子能上一个好一点的学校接受好一点的教育，母亲一个人带着孩子来到市内，孩子住校，母亲每天送报纸，靠着微薄的收入供养孩子的生活和学习。了解了张小楠的家庭情况后，我便对这个孩子更加关注了，关注她的学习，关注她的生活。其实每一年学校都会录取部分这样家庭经济困难的学生。通过实践证明，我们可以通过多种途径来帮助这样的学生。一是作为老师，我们有责任通过自己的努力帮助这样的学生渡过难关，二是作为学校也有责任想办法帮助这样的学生完成学业。可以设立校长奖学金、可以设立助学金，也可以由老师们每年的捐款的一部分用于帮助这样的困难学生。还可以通过学杂费、食宿费的减免帮助这些学生等等。从与张小楠同学家长那次谈话开始，我便开始关心这位来自农村的好学生。在关心她的同时更加注意保护她的自尊心，希望她能心安理得地接受我的帮助，而不是在接受了我的帮助后带有任何的心理负担。在全校举行运动会时我知道别的同学都会去买各种小食品、饮料等，我就会想办法让她既能吃上小食品又不尴尬。于是我就组织班长把班级同学分成小组，由班干部用班费统一去采买，而矿泉水每次都是由学校学生会给每个班统一定购。这样做的好处就是使家庭富裕的学生不能在班级活动里显富，家庭困难的学生也不必在学校活动中因为经济困难而显得自卑，最后大家都能过得非常愉快。在平时的日子里，有时学校发水果，我都会在办公室没有人的时候，把她叫到办公室，一边与她谈话，一边拿出几个水果给她，算作对她一段时间努力学习的一种奖励。由于熟悉了我的风格，我们的关系相处得也非常融洽，我让她做我的课代表，她也经常高兴地帮我做一些事情，上课前高兴地帮我拿电脑，下课了帮我送作业，有时我忘记了什么事情，她都会帮我想着，提醒我。中午我看她不去食堂吃饭，就特意叫她同我一起到食堂，一边走一边谈保证营养的重要性，不要太节俭，做什么事情都要从长远的角度去思考问题。有时我以查阅同学们消费情况为由到食堂打印学生的消费单，就顺便给她的饭卡里存上50元钱，告诉她不必放在心上，平时可以多帮老师做点事情，等将来有出息了，能回来看看老师，那老师就没有白白关心你。同时也教育她学会懂得关爱别人的道理，即时可以接受别人的关爱，因为关爱别人就是关爱自己，因为你关爱了别人，

所以别人也就会在你需要的时候关爱你，平时你为同学们所做的事情，其实也是对别人的一种关爱，只是方式不同而已。在学校，时间一天天，一月月过得非常快，转眼就高中结束了，在即将毕业的时候，我们照了毕业照，做了很贵的《同窗故事》纪念册，我知道如果交钱她就不能要这本册子，我告诉她我会努力为她申请一本免费的，于是我就特意找到了《同窗故事》负责人，谈了张小楠同学的家庭经济状况和她的日常学习表现，他们也没有怎么犹豫就答应给一个免费的名额。毕业了，在离开学校的那一天，全班同学们都拿到了这本《同窗故事》，当然她也"一视同仁"地得到了一本，她显得既高兴，又有点为难的样子，临走时，特意到我的办公室说声"老师，谢谢你！"这时作为老师的我也深深地体会到了"送人玫瑰，手有余香"的道理。我相信得到他人的关爱应该是一种幸福，而看到困难的学生在自己的关爱中健康成长直到成功则更是一种幸福。关爱是人类最宝贵的品质。关爱学生是老师一种负责任的职业态度；在校园这个纯净和谐的环境中，漠视别人的困难、悲伤、痛苦是可悲的，从教师职业道德的角度来讲，从对社会负责和学生成长的角度来讲也是很可怕的。对于每一个学生，我们都应怀有一颗关爱之心，这样将来我们的学生，这个社会的主要成员才会怀有一颗感恩的心。

当然，关爱学生，尤其是关爱经济困难的学生时，必须注意在给予他们物质或金钱上帮助之时，还要讲究方式，因为有时我们的心是好的，但由于不恰当的关爱方式往往会造成适得其反的效果，这样就不好了。

首先，关爱别人，前提是必须尊重他人，不能刺激到他们的人格尊严。经济困难的学生一般心理上都比较自卑、内向、不自信。在他面前炫耀或者直接的经济资助是严重不妥的，如果有条件的话可以帮助他们联系勤工俭学的工作。我们也可以在适当的时候，比如生日、节日等，通过送一些小礼物等方式帮助他们解决一些学习必需品问题，比如几个笔记本，几支笔，这样既沟通了与他们之间的感情，又合情合理地帮助了他们。当然还可以积极创设更多社会实践活动和公益活动，让受助学生通过参与这些活动维护自身的人格尊严，不让受帮助的学生感到尴尬。同时在学习上经济困难的学生一般学习都比较用功，也比较优秀，我们就要利用他们学习的优势来引导学生树立对生活的自信，对未来的生活充满信心。

其次，关爱学生不能带有功利色彩。作为老师，有一颗关爱学生之心是教师高尚的职业道德风范的一种表现。关心学生是一种付出、一种奉献，关心经济困难学生让他们走出经济困难的同时树立自信更是一种美德。作为教师对经济困难学生的帮助必须从一点一滴的生活小事入手，学会从学生自身的感受去理解学生。同时也引导学生放下自卑走向自信，比如帮助同学解决一道难题，帮助老师整理一下作业等等，让学生认识到真正的助人，是通过帮助别人，来提升自我的人格境界的一种方式，要不思回报，不带有任何功利色彩。当学生走上社会之后，回首过去，他会在心中感恩自己所遇到的善良而无私的师长，帮助他渡过了人生中的那一道道难关，同时他也会怀着一颗助人之心去帮助他身边的人，这样的老师对学生的影响将是一生的。如果我们的帮助掺杂了其他任何功利的因素，就会使学生在接受你的帮助的同时也有了一种面子受损的感觉，也可能因此而拒绝你的帮助。

再次，帮助经济困难的学生也要量力而行，有时也可以借助集体的力量。马克思说过"我们知道个人是微弱的，但是我们也知道集体就是力量。"老师也是普通人，也有自己所不能及的地方。面对学生在生活上的困难，我们可以在自己能力允许的范围内给予学生物质上的帮助，带他走出难关，但我们不能逞一时之强，仅靠自己一人之力去做自己能力之外的事，必

中学班主任与学生有效沟通的技巧

要时可以发动群体的力量来帮助学生。这样做起来就会更加容易得多,一个人帮助大家可能困难重重,但反过来大家来帮助一个有困难的人可能就轻而易举,这就是所谓"众人拾柴火焰高"的道理。

最后,就是要把经济资助与人文关怀结合起来。尽管有些经济困难的学生比较阳光,但多数生活贫困的学生的心理健康问题是存在的。所以在我们对贫困学生进行经济资助时一定要与人文关怀同时进行。作为教师尤其是班主任老师,要鼓励学生树立自信,树立改变命运的信念并为之努力奋斗,在学习、生活中自立自强,让他们知晓改变命运的关键是自身努力。课堂上一个不经意的充满关爱的眼神也许就能让学生感受到温暖并改变对人生的看法,甚至改变他的人生轨迹。要让学生放下那种传统的即时回报的心理包袱、自卑情节,及时融入集体,为将来充满信心地踏入社会奠定良好的基础。

总之,作为一名教师能够想学生之所想,急学生之所急,在学生遇到经济困难,需要帮助时能够伸出援手,不带任何功利色彩地去帮他们解决一时困难,给他们继续学习下去的信心,这就是一位让学生永生不忘的好老师。一个优秀的教师,最值得称道的不仅是他那渊博的学识、为人称道的授课方式,还有他那种能为困难学生解决"所急、所想"的道德作风。知识需要不断更新,教学方式也需要不断改进,唯有这种道德作风是任何时候都需要保留的。

【经典链接】

1. 世界上没有一朵鲜花不美丽,没有一个孩子不可爱。因为每一个孩子都有一个丰富美好的内心世界,这是学生的潜能。——冰心

2. 要像对待荷叶上的露珠一样小心翼翼地保护学生幼小的心灵,晶莹

透亮的露珠是美丽可爱的，但却十分脆弱，一不小心，就会滚落破碎，不复存在，学生的心灵，如同脆弱的露珠，需要老师的倍加呵护。——苏霍姆林斯基

3. 教育，这首先是关怀备至地，深思熟虑地，小心翼翼地触击年轻的心灵，在这里谁有细致和耐心，谁就能获得成功。——苏霍姆林斯基

4. 教育的秘密在于尊重学生。——爱默生

5. 捧着一颗心来，不带半根草去。——陶行知

二、关注住校生的生活，让学生体会集体生活的快乐与温暖

当前，加快普通高中的发展与建设，扩大优质教育资源，提高教育质量和办学水平，满足群众对优质普通高中教育的需求，是关系到广大人民根本利益的一件大事；同时也是提高高等教育质量的一个前提，是为各行各业输送高素质人才的一个后备力量，促进社会各项事业发展的一个重要途径。因此，部分优质学校开始尝试改变办学模式：由走读式学校改为寄宿制学校。这既是经济快速发展在教育上的一个体现，也是城市化发展的过程中对教育的一个要求。但是寄宿制学校无论在生源上还是管理上都是挑战，要想在寄宿制学生的培养上提高层次，办出特色，就要求学校管理制度和管理理念上升到一个新水平，学校老师在职业道德上就要增加更多的责任感和事业心，在具体工作上需要比走读制学校的教师付出更多的辛苦和努力，更多的爱心、耐心、责任心。

长春市实验中学就是这样的一所学校，作为省市重点中学及寄宿制学校有3600余名学生，全部实行寄宿制管理。学校对学生二十四小时的学

习和生活全面负责，真正奉行"一切为了学生"的宗旨，关注学生的德、智、体、美、劳；衣、食、住、行、学等全面发展。那么既然是寄宿制学校，就要关注住校生的宿舍生活，让学生在学校住宿学习的过程中保持身心健康，让学生切实感受到寄宿制学校集体生活的温暖。作为一个寄宿制学校，应该如何使我们的学生在远离家庭的背景下与来自全省各地的学生在这样的一个偏远环境中生活好、学习好，身体健康、心理健康，团结和谐，把校园和寝室作为自己生活不可缺少的一部分，真正地去热爱寝室、热爱校园，以一颗积极向上的心去迎接每一天的生活和学习。这就需要学校、老师特别关注学生宿舍，把学生寝室管理好，把寝室的环境美化好，把寝室的学习、生活文化建设好，这是绝大多数同学的愿望，也是学生家长的愿望。只有把学生寝室管理好了，把住宿学生的身心健康关注好了，学生才能把精力一心一意地投入到学习中去，从而在一个和谐的校园环境中，提高学习成绩的同时促进学生全面健康发展。

我们怎么去关注寄宿制学生的生活？首先就是要从关注寝室这个"家"开始。著名的思想家桑塔亚那说："家庭是大自然创造的杰作之一。"而为了追求知识而远离父母，走进寄宿制学校的学生，寝室就成为了他们的一个"新家"。这个寝室已经不仅是同学学习生活的场所，也是他们远离父母后另一个不同色彩，不同气氛的家。寝室管理水平的提升，寝室文化建设的好坏直接关系着住宿制学校学生的生活，关系着住宿制学生的健康成长。寄宿制学校对学生的关注还包括其他方面。在时间上由原来的八小时变为二十四小时；在班级管理上，由原来的教室管理转变为教室、食堂和寝室多重管理。住校生的品德教育、生活习惯的养成教育、安全与卫生教育，以及心理健康教育都成为寄宿制学校学生教育管理的工作重点。在文化建设上由单纯的班级文化转变为班级与寝室文化建设，寝室已经变成了班级管理不可缺少的一部分。

党的十六届四中全会提出"构建社会主义和谐社会"的奋斗目标,长春市政府也提出了建设"和谐长春"的奋斗目标。"和谐"已成为国家发展和城市发展的关键词,"和谐发展"已成为时代发展的主旋律。寄宿制学校更应该在"缔造教育、追求卓越"的过程中关注所有学生的个体生命的发展,关注每一名住校学生的精神需求,关注教育过程的和谐与幸福。在学校管理上特别注意文化管理,文化育人。所以作为寄宿制学校每年都要搞寝室文化艺术创建活动。通过活动让校长、班主任、学生和舍务老师都参与到活动中来,共同关注住校学生的学习生活,关注他们的健康成长。每年通过为期一个多月的活动,以"构建寄宿制学校寝室文化的研究与实践"为主课题。通过寝室文化评比,让我们感受到"真是不展不知道,一展吓一跳。"发现了同学们在学习之外的无限的创造潜力。正是这些活动为寄宿制学校的同学们提供了一次展现自我才华,丰富校园生活的良好机会。寝室文化艺术评比活动剔除寝室不和谐因素,营造温暖的学习生活环境,进而能够愉快学习,自主成长;同时还培养阳光学子的动手能力和创新意识。在活动中,学生会舍务部全体成员本着公平公正的原则,按标准打分。各寝室成员也积极配合,使得历次寝室文化艺术评比活动都能圆满落幕。通过活动使优秀的寝室文化建设已经成为寄宿制学校校园文化建设的重要组成部分,通过实践证明它不仅可以美化学生的寝室环境,还可以引导学生养成良好的卫生习惯,严谨的生活作风,合作的团队精神及健康的审美情趣,正确的价值取向。《教育规划纲要》指出学校德育格局必须从课程德育、社会实践和校园文化三方面进行构建,实现环境育人,要充分开发和利用校内外德育资源,通过多种渠道实施德育,要以通俗易懂、贴近学生世界的德育内容,吸引学生、感染学生。①在寝室文化建设活动中我们没有

强制学生必须做什么，不能说什么，但有形和无形的文化，在学生个人心理上已经形成一种自我约束的防线。做文明事，说文明话，通过活动已经在寝室形成了一种良好氛围和习惯。温馨的宿舍，可爱的家，每天都有生活老师帮我们开窗通风、卫生打扫得干干净净，物品摆放得整整齐齐。在宿舍里，你随处可见各种公益标语，比如：节约用水、爱护环境人人有责等等。我们用自己的巧手装点我们的宿舍，用我们独到的创意丰富宿舍的文化。来到学校生活，老师们会教我们做一些力所能及的事。最简单就是叠被子。宿舍里的被子并不是军事化要求，但是，经过训练的我们，被子叠得有模有样，棱角分明，整齐以外还有我们独特的美感。用老师的话讲，牙杯一条线，牙刷一条线，毛巾要一个面。要实现这样的艺术效果，真要下点功夫才能有成效。最困难的事要说是整理衣柜了，在家里，我们的衣服都是妈妈叠好摆在柜子里，自己从来不弄。刚来宿舍的时候，根本不知道怎么叠衣服，都是生活老师手把手教的。如今我们的衣柜在我们自己的手中，从开始的大风过境，到如今的井然有序，我们以此为荣。但须知这其中有多少老师的汗水，又有多少我们自己的不懈努力。

在家里每个孩子都是父母眼中的"小太阳"，生活自理能力弱，自律意识不强，不能约束自我。通过寝室文化建设评比活动，一定程度上促进了学生自我约束、自我完善、自我激励等自主意识的形成，很好地培养了同学们之间和谐相处的精神。来到新家，兄弟多了，姐妹多了，我们从陌生到相识，再到彼此相互依靠亲如一家。我们从家里独霸一方的小霸王，变成了会关心帮助别人的热心大侠。集体生活教会了我们谦让和感恩。学习生活虽然紧张，但是我们的集体生活并不枯燥，在这个温馨的大家庭里，我们可以寻找到很多乐趣。我们最快乐的时光就是晚上回到宿舍这段时间。洗漱好后，我们可以喝牛奶，可以聊天，或者做一些简单的小游戏，刷好牙以后，我们可以在床上看课外书,有的宿舍生活老师还会组织同学们听故事、听音乐。缓解了我们紧张了一天的神经,使我们倍感轻松和快乐。

在宿舍这个大家庭里,生活老师从早到晚的唠叨变得那么亲切温暖,刷牙、洗漱等如此枯燥的事也变得乐趣横生。同样的事,来到宿舍便有了不一样的意义,也让学生体验到了不一样的感觉。同样是家,而宿舍这个家更温馨,更可爱。寝室文化建设活动已经不单纯表现为室内的清洁,物品的排放整齐,更重要的是那浓浓的亲情,亲切的关怀,温暖如家的感觉。其实通过寝室文化建设为学生创造和谐的环境而努力,根本目的是要让寝室文化建设在学生教育过程中落实到实处,力争让我们教育下的每个住校学生都得到和谐健康的发展,在教育实践中构建起符合学生身心发展规律的和谐幸福的寝室管理模式。使宿舍管理、文化建设跟上学校教育改革发展的步伐,为实现学校快速发展及创建"和谐校园"的目标,实现学生文明自律、自主管理的理想做出努力。通过寝室文化建设,带动全校学生去主动构建一个和谐温馨的寝室环境,在美化校园环境的同时,提高学生的团结合作的精神,展示学生的才华与构想,使同学们在布置寝室的过程中相互合作、相互帮助,加深同学之间的友谊,在提高学生自主生活能力的同时,提高学生的素养。通过美化寝室创建一个舒适、整洁的生活、学习环境,和谐的寝室氛围。让寄宿制学生的学习更加高效,让同学们的生活更加有滋有味。让我们的学生感受到无论将来走到哪里都会深深记住在校学习的三年期间,学到的不仅是书本文化,更是住宿制校园文化给他们的成长带来的一段美好的回忆,一段幸福的人生。

我们关注住校学生的学习生活,还要关注他们的社团活动,通过学生社团活动去关注他们的成长、去丰富寄宿制学生生活,促进寄宿制学生身心健康发展,让寄宿制成为学生学习和成长的一种独特优势。在现代化建

设的进程中，随着城市进程的加快，部分中学从走读制转变为寄宿制。寄宿制学生在寄宿生活过程中出现的各种问题，就成为各寄宿制学校当前共同面临和要解决的一种新课题。而实践证明开展形式多样的活动是解决各种问题的有效途径。在很多情况下，适宜的活动会把寄宿制学校的优势发挥出来，使它突显出比走读制学校更大的优势。由于寄宿制学校要比走读式学校有更多的学生在校时间，但是学生的年龄特点和个性发展，身心成长都决定了任何一个学生不可能天天都在学习课本知识。他们是校园里最活泼可爱的主体。他们有着无限的创造力、想象力以及无限发展的潜力。而这些潜能很大程度上都通过一系列的活动展现出来。所以作为寄宿制学校，校园的社团活动就不可缺少。目前来看，长春市实验中学已经建立了十几个适合各类学生参加的社团，而且每年社团活动都开展得丰富多彩。有棋类社团：如围棋协会、象棋协会；球类社团：篮球协会、羽毛球协会；有小记者社团；有音乐社团、美术社团、还有舍务社团、写作社团、街舞社团等等各种各样。学校在社团建设上要始终把它作为关注学校发展、关注学生成长的一件大事。一是学校要在社团成立的同时，要给予时间上的保证，不能有了社团，却没有给予学生足够的时间去参加社团活动。尤其是寄宿制学校学生的时间相对而言比较多，完全可以在合理的安排下给学生一个固定的时间，去参加社团活动，培养学生学习之外的兴趣爱好，促进学生的全面发展。二是要合适的场地，小记者社团，棋类社团，球类社团等都需要一个适合的场地。实践证明它不需要太大，也不一定多么宽敞，通过社团学生自己的协作努力就会把一个活动室布置得舒适美观。三是要有教师指导跟踪，学生的社团活动，虽不是在教室里上课那样正规，但也不能没有老师的指导。如果离开了老师的指导，社团活动有时候就会变成学生的自由散漫的活动，对学生成长和学习习惯的养成就不利，而且有了专业教师的指导，会使社团活动更上层次，让学生在活动的过程中感受到愉快的同时感受到进步，这也是一种学习，更有意义。比如小记者社团，在很多校内外的活动中都能看到他们的身影，每年的植树节，他们都会拿着照相机、笔和本，快速地记录下同学们植树过程中的每一件趣事，记录下采访过程中同学和老师们对植树节的感悟等等。然后把他们的稿子进行整理，用不了多久就会出现在了学校的校报上，他们的专业程度一点也不比正规的报纸逊色。再比如篮球社团活动，每年都开展得红红火火，在固定的时间、规定的场地还要进行非常正规的比赛，以教师为指导，以学生为主体。无论男生还是女生，同学们都是以极高的热情参与到活动中来。这是寄宿制学生释放学习压力的一种最好方式，也是培养学生集体意识观念，团结协作精神的最好形式。这些社团活动丰富多彩地开展起来，既是寄宿制学校学生生活所需要的，更是对寄宿制学校学生生活的一种特殊关注，一种探索与努力。

　　关注寄宿制学生的成长，还要通过对寄宿制学生的学习生活的指导，关注他们学习成绩的提高和进步。寄宿制学校的学生多数都为了更好地追求知识，为了将来能考上一所更好的理想大学而远离了家庭，来到这个新的集体中。在生活上需要老师们的特殊关注，在学习上同样需要老师们的悉心指导。尤其是在时间的利用上，学习方法改进上就显得更为重要。教育家叶圣陶说过："教育是什么，往简单方面说，只有一句话，就是养成良好的习惯"。罗素曾经说过："凡是教师缺乏爱的地方，无论品格还是智慧都不能充分地或自由地发展"。老师对学生的最大的爱就是在很大程度上帮助学生养成良好的生活习惯和学习习惯。寄宿制学校学生由于缺少了家庭监管，良好学习习惯的养成对于成绩的提高就显得尤其重要。养成良好的学习习惯，不仅有助于规范学生的学习行为，还能促进学生形成良好的

心理素质,对于学生来讲将是终生受益。

一是要养成良好的生活习惯,作为学生尤其是寄宿制学校的学生能否养成文明健康的生活习惯对他的一生学习、工作、发展都意义重大。现代学生容易受到外界形形色色的传媒影响,使青少年的生活受到了大的冲击,表现出心情浮躁、追求时尚、注重感官刺激、做事不负责任、不考虑后果、不设想将来等,从而为了一时的潇洒而耽误了一辈子的前程。这就要求老师从学生的一生发展着想,指导这些远离了父母的住宿生认识到真正的生活应该是什么样的。帮助他们学会处理眼前利益与长远发展的关系,从而确立正确文明的生活方式,为人生奠定良好的基础。二是养成良好的理性思考的习惯。学生进入高中以前由于年龄和能力及个人认知结构的限制,学生的思考方式多以感性为主。进入高中以后,由于生理、心理的发育、成长,学生的理性认识能力增强。但是如果缺乏老师的指导,他们的认识能力的提升就会有限,仍然存在肤浅、冲动的特点。理性思考习惯的养成不论对于学生的成长,还是对于学生管理水平的提高都是非常有益的。我们培养学生理性思考能力主要培养什么呢?培养学生养成思考人生的价值取向,即选择什么样的人生道路问题;思考未来的专业方向,即成就什么的事业问题;思考终身的历史使命,即实现什么样的人生抱负问题。作为一名教育工作者,我们要不断地学习、总结教育经验为下一步的教育,做更好的实践指导。使学生能够积极学习科学文化知识、勇敢地面对个人成长中所遇到的形形色色的问题。三是注意加强对学生学习习惯的指导和养成教育。这是学生良好的行为习惯养成的一个重要组成部分。它关系到学生掌握正确的学习方法,对学生当前的学习是否发生有效作用的问题。这也是我们关注寄宿制学生的主要方面。我们要从几个方面着手:1.树立正确的学习目的,从小事、细节做起,而且坚持不懈,耐心细致。2.要形成良好的学习风气，通过各种途径广泛宣传。3. 必须要有一个明确的目标要求，养成良好的预习、复习习惯，充分利用住校生时间充裕的有利优势，良好地完成课内外作业的习惯。4. 必须经常开展一些适当的竞赛活动，发现先进，及时总结及时表扬。对寄宿制学生学习行为的具体指导，主要抓住：一是学习策略问题。包括课前预习，找出问题；认真听讲，抓住精华；记好笔记，听好分析；总结错题，查漏补缺；二学习时间安排问题。虽然寄宿制学生的时间相对比较多，但是关键在于你如何利用，这就需要教师的指导。时间安排得当无论是平时学习，还是考试复习都会取得事半功倍的效果。早晨走读学生还在公交车上的时候，我们寄宿制学生已经坐到课堂里。安排什么学习任务呢？要按老师的指导背诵一些英语课文、名家名段，或者是语文课文等；晚自习时间安排就更为重要，要先把一天的作业第一时间做完，然后再做一下复习、预习任务，这样既有效果又有效率。三是在老师的指导下形成正确的学习观、考试观。包括对待考试要胜不骄，败不馁，心态要平静，只要认真对待就可以了；随时随地不让自己做无用功。看书看不进去了，学习学累了就休息一会儿，不要开夜车太晚；在考试前后既不要妄自尊大，以为自己什么都会了，也不能妄自菲薄，遇到什么挫折就放弃努力。要教育学生决心给我们以动力，信心给我们以勇气，恒心给我们以成功。尤其是学习基础薄弱、又一直在努力的学生，成绩的提高不能"忽如一夜春风来，千树万树梨花开"，它需要经过一个量变到质变的过程。这些学习的方法策略对于这些远离家庭父母的孩子来讲，老师的指导是至关重要不可缺少的。养成良好的习惯并非一日之功，需要长期抓，持之以恒，切不可"一曝十寒"、"三天打鱼，两天晒网"，因为"习惯成自然"是需要时间的。

　　总之，寄宿制学校管理成功的经验就是管理从文化入手，管理要切实从提高学生的文明程度入手，挖掘寄宿制学校的教育潜力，大力开展各种

形式的文明自律教育，使学生逐渐由"他律"转变为"自律"，向着一个社会的文明公民方向培养发展。通过文化教育、自律教育使师生关系融洽了，建立了平等、信任的教育双边关系。同学之间团结和睦，都能以主人翁的姿态活跃于班级、食堂、宿舍，自觉、自律、有序。学生的学习习惯逐渐养成，课堂教学中活跃、积极。通过激励和约束机制的健全，让有形的制度在无形中发挥作用。所以实践证明，寄宿制学校可以让更好的教育方式和方法教育出更加优秀的学生。让我们的学生通过学校教育为将来追求一生的辉煌和幸福而奠基。

【经典链接】

1. 科学的博爱精神把分散在世界各地、各种热心科学的人联结成一个大家庭。——罗斯

2. 我宁愿用一小杯真善美组织一个美满的家庭，不愿用几大船家具组织一个索然无味的家庭。——海涅

3. 越早把你的儿子当成男人，他就越早成为男人。——洛克

4. 让孩子感到家庭是世界上最幸福的地方，这是以往有涵养的大人明智的做法。这种美妙的家庭情感，在我看来，和大人赠给孩子们的那些最精致的礼物一样珍贵。——美国华盛顿

5. 无论是国王还是农夫，家庭和睦是最幸福的。——歌德

三、关爱外地学生的异地生活，让其体会家庭的温馨

随着社会经济的发展，人们对教育重视程度不断增强，即便偏远地区的很多家庭为了能让孩子接受良好的教育，也都把孩子送到城市里优质学校寄宿、就读。优质的寄宿制学校，也都适应教育的发展而为学生能在学校愉悦地生活学习，配备必要的设施包括食堂、超市、学生公寓、体育活动中心等。这既有利于学生学习，又有利于学生在这里快乐地生活。随着寄宿制学校的发展，寄宿制的学生也就越来越多。一方面他们接受了优质学校的良好教育，另一方面也锻炼了孩子的自立能力。但他们尤其是外地学生毕竟还是孩子，在远离了家庭之后，是否能很好地适应寄宿制生活？能否处理好与老师、同寝室友的关系？又能否处理好寄宿与学习关系及由寄宿产生的心理差异呢？这是寄宿制学校面临的共同课题。

"独在异乡为异客，每逢佳节倍思亲。"这是大诗人王维17岁时写下的诗句，表现了诗人独在异地，客居他乡的孤独寂寞之情，这种孤独感在节日里就显得更加强烈。寄宿制学校的特点就是学生离家较远，不能每天回家与父母相处交流。尤其是很多学生都远在外省、外市，不可能时常回家，有的只有到寒暑假期才能回家一次。异地求学就显得更加不易。还有一种情况就是学生的家离学校不一定很远，但由于父母工作都非常繁忙或者其他原因导致孩子不能或者不愿意经常回家，不得不寄宿于学校。无论是哪一种情况，在学校老师的眼里就都是外地生，就都需要得到学校、老师在各方面的关爱。就如菲利普曾说过的那样："勇敢的人随遇而安，所到之处都是故乡。"寄宿制学校里外地学生首先需要的就是一种关爱。要求我们不但在学习上给予关爱，而且在生活上给予学生悉心的指导，让学生感受到

中学班主任与学生有效沟通的技巧

家一般的温暖。当同学生病的时候，老师会用温暖的手轻轻地抚摸着他的额头，给他以温暖；当同学受挫的时候，寝室的室友就会握着他冰凉的手，给他以鼓励。实际上寄宿制集体生活对外地生来说，虽有思乡的孤独，但更有兄弟的情谊。每当遇到困难的时候，都能感受到自己被世界上最暖的火炉包围着，每当在别人需要帮助时，这里都会有人毫不犹豫地牺牲自己的利益，去帮助别人。一杯热开水、一句鼓励的话语，都包含着同学、老师太多的关心。英国伟大的思想家洛克说过："越早把你的儿子当成男人，他就越早成为男人。"寄宿制学校里的外地学生确实得到了其他走读制学校学生所不曾体验过的成长、成熟。

外地学生由于家远不能回家，节假日时，学校就会组织学生们一起过节，这也是一件很有意义的事情。记得有一年的中秋佳节，很多外地的学生不能够回家，这件事记在了校长和老师的心上。学校特意组织了班主任和舍务老师及同学们在一起来个全校师生同庆中秋，同学们虽难免会有思乡的情绪。但他们更多是想念父母曾为他们付出的辛苦，更加学会了感恩。有的同学给父母打电话，有的同学把父母寄来的中秋月饼分给大家。这个中秋佳节在学校的组织下，在学生们策划下，既温馨又热烈，同学们纷纷为老师们表演精彩的节目，展现了各地同学们多才多艺可爱的一面，也展现了异地学生成长成熟的一面。它的意义已经远远超过了中秋节本身。按校长的话说："这是开展学生教育，促进学生成长的最好的途径。"

通过为外地生开展主题班会更能促进学生成长，感受人间的真情。学校会定期开展这项活动，一方面丰富学生的课余生活，另一方面可以促进同学之间的感情交流，营造良好的集体凝聚力。高一年级时候，班级开展了一次题为"我为班级做点事活动"的主题班会，主要内容是自荐班干部、认识新同学。经过了军训活动后的同学们真是"五十六颗心心心相印，五十六个人人人争先"，都希望为班级做出自己的努力，从中可以看出班级的凝聚力。班会上，这些外地同学们有的用家乡话介绍自己，有的用歌声介绍自己，有的在介绍自己的同时介绍家乡的特产和传统风俗，使同学们认识了新同学的同时，了解了各地风情。最后大家齐唱班歌，同做游戏，互相握手，互相问好，使最初的陌生感一扫而光。

　　生活中、学习上遇到不如意的事情，在家里可能会跟父母说，在寄宿制学校里就缺少了一个交流的渠道，所以寄宿制学校的教师要承担一项重要的任务就是当好心理医生，为外地学生做好心理辅导工作，及时发现、及时调理消除心理问题可能给学生带来的不良影响。现代独生子女，缺少玩伴，很容易形成内向的性格，我们的班级里就出现过独来独往、不喜欢与同学交往的异地学生。上课手搭凉棚，不与同学共同活动，也从不与大家交流，与同学有矛盾，闷在心理，急了就连招呼也不打，假也不请，一走了之，让老师、同学为之着急。这样的学生，父母离得远，关心不到，有一些心理问题得不到老师的辅导就会产生不良后果。所以我们的做法就是：一是及时找到家长，了解孩子在家表现。原来孩子在初二进入了逆反期，变得孤僻、不合群，做事优柔寡断，唯唯诺诺，初中的老师也想过办法，但没有实际效果。父母也十分着急，把孩子送到寄宿制高中来就是希望尽快改变孩子的这个特点。二是与学生本人经常进行朋友式的谈话，了解孩子遇到了什么问题，他的想法是什么？后来与心理老师探讨后得知，这实际上是"青春期综合症"，由于青春期心理具有可塑性、过渡性的特点，只要做到有的放矢，正确引导、耐心帮助教育，这种心理问题就可以得到有效的调整与纠正。找到症因，对症下药。通过几次轻松谈话，孩子脸上的冰凉开始升温了，慢慢地露出了久违的笑容，在老师的精心安排下和同学也开始交流了。每当有活动时，老师都特意考虑到他的参与，给他安排具体的事情让他有

事可做，在活动中有所表现，找到与自己有共同语言的朋友，对于他的微小变化都及时给予鼓励，最后在班级联欢会上，他在同学们的掌声中为大家表演了精彩的魔术，此后就算是告别了沉默，有说有笑，心理调整取得了满意的效果。

实际上外地住校学生有时会受到同学关系的困扰，考试成败的浮躁，惰性心理的作祟等因素的干扰。这些都需要老师的关爱，同学的互助。在学生遇到困难无处诉说时我们要及时找他谈心，给他以鼓励。在寝室同学之间出现矛盾时，要像指导学习一样及时点拨，使学生学会宽容和豁达，学会忍让和谦逊，学会感恩和真诚，学会承担和享受责任，学会用微笑和信念去生活，让他们懂得异地生活学习的过程就是历练一个人性格和品质的生命历程！让外地学生感受到生活在这个集体里，时时刻刻都有感动，心存感激。实际上寄宿制学校都有自己的"阳光天使"心理工程，每个外地学生都可以找到老师、同学、室友、校长信箱、心理热线等，在有困惑的时候可以得到老师的引领，可以得到伙伴的相助，有心里话在家不愿与父母诉说，在这里可以找到知心朋友倾诉。学习困难有人帮助，生活困难有人伸出援手；笑有人陪着一起笑，一份快乐就变成了与人分享的乐趣，哭的时候有人为你分担，困难也就不成为困难，就成为一个大家一起面对的问题，也就容易解决了。②实践证明，在寄宿制学校的教育中，同学们更容易保存着对爱的崇敬和渴望，他们更能懂得宽容了别人等于宽容自己道理！

对于经济困难的异地同学，时时都会有学校、老师伸出援助之手，都会有同学们助微薄之力，给他们带去信心和勇气。近年来由于国家助学金的发放、学校老师同学们的捐助，使学校很少有学生因家庭经济困难而失学。去年寒假一个远在外地的家庭贫困学生王悦自己做梦都没想到学校会组织老师去慰问家访。一家三口居住在面积只有三十几平方米的屋子里。父母靠打工维持生计，上面供养老人，下面供着孩子学习，家里没有什么像样的家具，仅有的一台电视机是邻居送的。听孩子的父母讲如果不是因为孩子学习很好的话家里早就让孩子辍学了。有了国家、学校、老师的帮助使该同学对未来充满憧憬和希望，更加努力学习。后来还在学校组织的"阳光女孩"的评选活动被评为班级"阳光女孩"。对于经济困难的外地学生，如果条件允许真是非常有必要进行几次家访，既是对学生情况的了解，更是对学生成长的关心和鼓励。我们不能寄希望一次家访就能朝着你理想的方向改变许多，但通过家访，师生之间、家校之间的关系将会更和谐，学生将会变得更阳光、更向上！③通过对贫困学生的家访慰问、送助学金，让贫困学生感受到国家和学校的关爱和支持。勉励学生自强不息、勤奋学习，不仅对这些学生起到激励作用，对其他学生也有很好的带动作用。雷锋说过，一滴水只有放进大海里才永远不会干涸，一个人只有当他把自己和集体事业融合在一起的时候才能最有力量。只有真正地融入集体中，才会不感到孤单，才会生活得更快乐，才会让自己的才华得到发挥和得到别人的欣赏。同时，作为一个集体也应该给予个人温暖，应该给予个人集体认同感。许多贫困生在承受经济上较大压力的同时还要承受较重的学习压力，加上社会环境的影响，容易产生心理失衡，导致出现一些心理问题，甚至发展为"经济、学习、心理三困"现象。帮助一个经济困难学生完成学业，既是给国家和社会减轻了一份负担，也是给一个家庭解决了一个巨大的难题，善莫大焉。班里学生杨柳同学来自偏远农村家庭，曾对自己的生活充满了美好理想。然而，进了学校之后，他才发现现实与理想之间存在着很大的差距。宿舍里，他在无形中感到自己很多地方不如人，心里莫名其妙地感到躁动，经常为了一点小事有意跟同学争执不休。他曾说过："我是一个贫苦农民的孩子，来到学校时时感到生活和学习的压力都很大，城市孩子有很多基本见

识我都没有，我不会打球，不会唱歌；手机、电脑我也不会用。"老师了解到他家境比较贫寒，就尽力帮助他申请特困生助学金，最后在老师的帮助下他如愿考上理想的大学。所以寄宿制学校更应该采取的相应措施是加强对外地经济困难学生的心理辅导，让他们自信、开朗、热情、充满活力，对他们不仅需要在经济上给予资助，更重要的是精神上的帮助与鼓励。无论是学校，还是老师在帮助他们的时候都要放下架子，真诚、真心、尊重，用爱心滋润和感化他们。不要居高临下，不要一副救世主的面孔，要低姿态地以朋友的身份走进他们的生活、学习，与他们融在一起。他们亲近你了，心里话才会对你说，他们说了才能疏导他们的心理，才能把他们的心理压力，转化成学习的动力。同时要引导他们通过参加学校的各种公益活动，打开心灵的窗户，强化自立、自强的主体意识，让他们积极地追求知识，提升能力，发展自我。其实近年来国家设立的奖学金，每年奖励资助品学兼优的家庭经济困难学生，约占在校生总数的20%，资助面相当于过去的7倍。家庭经济困难学生，如果成绩优秀的话，可以同时获得国家奖、助学金。完全可以解决上学的学费、生活费等问题。尽管国家、学校、教师、同学的关怀和帮助对消除外地贫困生心理障碍至关重要，但也要采取措施让他们认识到，坚韧的品质是用任何金钱也买不来的。一个人要成才不仅仅是要在文化知识方面取得成就，而且更需要人格健全、富于理想、勇于创新。

【经典链接】

1. 一堆沙子是松散的，可是它和水泥、石子、水混合后，比花岗岩还坚韧。——王杰

2. 一朵鲜花打扮不出美丽的春天，一个人先进总是单枪匹马，众人先进才能移山填海。——雷锋

3. 教育儿童是我们生活中的一个最重要的方面。我们的儿童是我们国家的未来的公民，也是世界的公民，他们将创造历史。我们的儿童是未来的父亲和母亲，他们也将要成为自己儿童的教育者。我们的儿童应当成长为优秀的公民，成长为贤良的父亲和母亲。但是，这没有概括一切，我们的儿童又是我们晚年的希望。因此，正确的教育是我们幸福的晚年；不好的教育是我们将来的苦痛、辛酸，是我们对其他的人们和整个国家的罪过。——马卡连柯

4. 困难，我们有责任去面对它，解决它。作为新一代的年轻人，我们应该明白摔跤并不可怕，就像我们总是有勇气唱起这首歌：不经历风雨，怎能见彩虹？没有人能随随便便成功！——洪战辉

5. 只有在集体中，个人才能获得全面发展其才能的手段，也就是说，只有在集体中才可能有个人自由。——马克思、恩格斯

6. 人家帮我，永志不忘；我帮人家，莫记心头。——华罗庚

7. 参考文献：

①高慧斌《迈向新世纪的教育》第44页，天津教育出版社

②修国慧《寄宿学生的心理健康问题》，《教育科研》2005年第2期

③赵小荣《家访究竟能改变什么》，《实践新课程》2012年第04期

中学班主任与学生有效沟通的技巧

第三章 以理服人

第一节 引导学生认识树立远大理想的重要性

【导语】

20世纪法国著名的哲学家、文学家、社会活动家萨特曾说过："人就像一头驴，拉着一辆车，在车辕上绑着一根长棍，长棍前面吊着一根红萝卜。这头驴想要吃到那根红萝卜，就用力往前拉，但随着车子往前移动，那根红萝卜因为在往前移动。于是，这头驴总是吃不到那根红萝卜，但由于这头驴想要吃到那根红萝卜而做出的不断努力，就使这驾车不断前进了。理想之于人和社会，就像那根胡萝卜之于那头驴和车子。

一个人是否具有远大的志向和理想，也是一个人成功的重要因素之一。我国古代将树立远大的理想称作"立志"。自孔子以来的历代学者都把"立志"作为学习的必要条件。孔子曰："三军可夺帅也，匹夫不可夺志也。"明代学者王守仁说："君子之学，无时不处不以立志为事。志不立，天下无可成之事。志不立，如无舵之舟，无衔之马。"甚至认为"志不立，天下无可成之事。虽百工技艺，未有不本于志者。"可见，树立远大理想对人成长的重要。

一、树立远大理想，点燃拼搏的火焰

理想是什么？诗人说："理想是石，敲出星星之火；理想是火，点燃熄灭的灯；理想是灯，照亮夜行的路；理想是路，引你走向黎明。"哲人说："理想如星辰——我们永不能触到，但我们可像航海者一样，借星光的位置而航行。"

所谓理想，简单地说，就是人们对于未来美好事物的追求与向往。人应不应该有理想？回答是肯定的，因为理想是一种希望和信念，是人们行为的动力，力量的源泉，也是人们为满足自身需要、改变现存状况的唯一途径。俄国著名作家屠格涅夫说："没有理想的人，是可怜的人"。树立远大的人生理想，就确立了前进的方向，就能有勇气和力量去战胜人生道路上的艰难险阻；反之，没有远大的人生理想，就会目光短浅，不求上进，在困难和挫折面前，就会退缩不前，一蹶不振。那么树立远大理想，对我们的人生有何现实意义呢？

1. 理想能指引人生奋斗目标

人生是一个在实践中奋斗的过程。要使生命富有意义，就必须在有意义的奋斗目标的指引下，沿着正确的人生道路前进。理想对人生历程起着导向的作用，是人的思想和行为的定向器。理想一旦确立，就可以使人方向明确、精神振奋，无论前进的道路如何曲折、人生的境遇如何复杂，都可以使人透过乌云和阴霾，看到未来的希望和曙光，永不迷失前进的方向。

有一年，一群意气风发的天之骄子从美国哈佛大学毕业了，他们即将开始走向社会。他们的智力、学历、环境条件都相差无几。在临出校门前，哈佛对他们进行了一次关于人生目标的调查。结果是这样的：27%的人没有目标；60%的

人目标模糊；10%的人有清晰但比较短期的目标；3%的人有清晰而长远的目标。

25年后，哈佛再次对这群学生进行了跟踪调查。结果是这样的：

3%的人，25年间他们朝着一个方向不懈努力，几乎都成为社会各界的成功之士，其中不乏行业领袖、社会精英；

10%的人，他们的短期目标不断实现，成为各个领域中的专业人士，大都生活在社会的中上层；

60%的人，他们安稳地生活与工作，但都没有什么特别的成绩，几乎都生活在社会的中下层；

剩下的27%的人，他们的生活没有目标，过得很不如意，并且常常在埋怨他人、抱怨社会、抱怨这个"不肯给他们机会"的世界。

其实，他们之间的差别仅仅在于25年前，他们中的一些人知道为什么要穿越玉米地，而另外一些人则不清楚或不很清楚。

上面的材料以准确的数字、确凿的事实告诉我们"树立远大目标是重要的"这个道理。作为高中生，他们处在人生长河中扬帆远航的时刻，更要树立远大目标。远大目标是人的精神支柱和动力源泉，它可以不断地激发人的生命活力，使其永葆内在的青春。若没有远大目标，就不会有生活的信心，向上的动力，就像没有灵魂的行尸走肉一样，只能是浑浑噩噩、碌碌无为地度过一生。

2. 理想能提供人生的前进动力

理想是激励人们向着既定目标奋斗进取的动力，是人生力量的源泉。一个人有了坚定正确的理想信念，就会以惊人的毅力和不懈的努力，成就事业创造奇迹。古今中外，无数英雄豪杰之所以能在充满困难的条件下最终成就伟业，一个重要条件在于他们胸怀崇高的理想信念，有锲而不舍、披荆斩棘的动力。与此相反，一个人如果没有崇高的理想，就会浑浑噩噩，庸庸碌碌，虚度一生，甚至腐化堕落，走上邪路。

正如高尔基所说，一个人追求的目标越高，他的才力就发展得越快，对社会就越有益。

而一个缺乏理想、抱负，没有进取心的人，往往没有奋进的动力，在成长的道路上往往因为找不到的人生价值而感到迷惘，甚至走上危险的道路。

2004年，云南大学学生马加爵杀害4名同窗的事件震惊全国。临刑前，马加爵在接受《中国青年报》记者采访时说："我觉得没有理想是最大的失败。这几年没什么追求，就是很失败。""小时候想过当科学家，长大后就没有什么理想了。理想这个词，可能在初中就消失了。理想很重要，后来不知道为什么，我成为没什么理想的人了。"当时的微软全球副总裁李开复对马加爵有过这样一句评价：马加爵不应该是一个邪恶的人，而是一个迷失方向、缺乏自信、性格封闭的孩子。马加爵犯罪也警示教育者（家长和学校），要重视对孩子的理想教育。

3. 理想能提高人生的精神境界

人生是物质生活与精神生活相辅相成的统一过程。理想作为人的精神生活的核心内容，一方面能使人的精神生活的各个方面统一起来，使人的内心世界成为一个健康有序的系统，保持心灵的充实和安宁，避免内心世界的空虚和迷茫；另一方面又引导着人们不断地追求更高的人生目标，提升精神境界，塑造高尚人格。一个人的理想越崇高，信念越坚定，精神境界和人格就会越高尚。

"志之所趋，无远弗届；容山距海，不能限也。志之所向，无坚不入；锐兵精甲，不能御也。"理想是一簇火种，能点燃拼搏进取的火焰；理想是一盏明灯，能照亮人生奋斗的历程。

【经典链接】

世界上最快乐的事，莫过于为理想而奋斗。——苏格拉底

人类的心灵需要理想甚于需要物质。——雨果

一个人的理想越崇高，生活越纯洁。——伏尼契

人的活动如果没有理想的鼓舞，就会变得空虚而渺小。——车尔尼雪夫斯基

人的理想志向往往和他的能力成正比。——约翰逊

二、明确近期目标，确定前进的方向

立志须躬行。漫长的征途需要一步一步地走，崇高理想的实现需要一点一滴地奋斗。通往理想的终点是遥远的，但起点就在脚下，在一切平凡的岗位上，在扎扎实实的学习和工作中。古人说：合抱之木，生于毫末；九层之台，起于垒土；千里之行，始于足下。实现崇高的理想，要从我做起，从现在做起，从平凡的工作做起。著名数学家华罗庚曾语重心长地对青年学子们说，踏踏实实、循序渐进，与雄心壮志、力争上游并不矛盾，不踏踏实实打好基础，就无法攻尖端、攀高峰，有时表面上看好像是爬上去了，但实际底子是空的。华罗庚认为，雄心壮志只能建立在踏实的基础上，否则就不叫雄心壮志，"雄心壮志需要有步骤，一步步地，踏踏实实地去实现，一步一个脚印，不让它有一步落空。"[1]

案例一：为自己列一份生命的清单

在一个雨天的下午，15岁的约翰·戈达德坐在洛杉矶家中的饭桌上，满怀雄心壮志地在黄色便条的顶端写下了三个字"My Life List"（我的人生目标）。

在这个标题下他写下了人生的127个目标。从此以后他完成了其中的109个。让我们来看看以下约翰所列的目标吧！这些目标可不简单！它们包括了攀越世界上的主要山峰，探险巨大的水路，在5分钟内跑完一英里（1600米），阅读完莎士比亚全集以及《不列颠百科全书》等。

他为每一项目标都编了号。经过几十年努力，已经实现了106个愿望！因此当选英国皇家地理学会会员、纽约探险家俱乐部成员！

我们相信，在他有生之年，127个愿望有望全部实现！我们未必要成为与之一样的探险家，但我们需要从约翰身上学习的是，去做一个有梦想的人，无论它伟大渺小；去做一个有目标的人，无论他在远方还是在眼前。最重要的是，我们为之不懈地奋斗，无论如何艰难，至死方休，不为我们仅有一次的生命留下任何遗憾。只要有理想有信念，并且把实现的方法、步骤列出来，定出时间表，落实到行动中，一步一步去做，就一定会实现！

作为教育者，要学会引领学生，树立远大理想的同时，还要明确短期目标，甚至每一个阶段的目标。告诫孩子们：在成长的旅途中，我们会遇到种种艰难与坎坷，也会面临各种挑战与选择，我们会发现黑暗与丑陋……我们树立远大的理想，找到指路的明灯，勇敢地迎接挑战！我们应该在迈向理想的路途中树立一个个小目标。

案例二：凭智慧战胜对手

1984年，在东京国际马拉松邀请赛中，名不见经传的日本选手山田本一人意料地夺取了世界冠军。当记者问他凭什么取得如此惊人的成绩时，他说了这么一句话，凭智慧战胜对手。

当时许多人都认为这个偶然跑到前面的矮个子选手是在故弄玄虚。马拉松赛是体力和耐力的运动，只要身体素质好又有耐性就有望夺冠，爆发力和速度都还在其次，说用智慧取胜确实有点勉强。

两年后，意大利国际马拉松邀请赛在意大利北部城市米兰举行，山田本一代表日本参加比赛。这一次，他又获得了世界冠军。记者又请他谈谈经验。

山田本一性情本讷，不善言谈，回答的仍是上次那句话：用智慧战胜对手。这回记者在报纸上没有再挖苦他，但对他所谓的智慧还是疑惑不解。

10年后，这个谜终于被解开了，他在他的自传中是这么说的："每次比赛之前，我都要乘车把比赛的线路仔细地看一遍，并把沿途比较醒目的标志画下来，比如第一标志是银行；第二个标志是一棵大树；第三个标志是一座红房子……这样一直画到赛程的终点。比赛开始后，我就以百米的速度奋力地向第一个目标冲去，等到达第一个目标后，我又以同样的速度向第二个目标冲去。40多公里的赛程，就被我分解成这么几个小目标轻松地跑完了。起初，我并不懂这样的道理，我把我的目标定在40多公里外的终点线上的那面旗帜上，结果我跑到十几公里时就疲惫不堪了，我被前面那段遥远的路程给吓倒了。

在现实中，我们做事之所以会半途而废，这其中的原因，往往不是因为难度较大，而是觉得成功离我们较远，确切地说，我们不是因为失败而放弃，而是因为倦怠而失败。在人生的旅途中，我们稍微具有一点山田本一的智慧，一生中也许会少许多懊悔和惋惜。

设定一个正确的目标不容易，实现目标更难。把一个大目标科学地分解为若干小目标，落实到每天中的每一件事上，不失为一种大智慧。分解目标不只是让山田本一获得了马拉松冠军，还让舒乐博士建成了一座水晶大教堂。

案例三：积少成多

舒乐是美国的一位博士，立志要在加州建造一座水晶大教堂，预算造价是700万美元。舒乐博士身无分文，这笔巨款只有靠募捐。要一下子募集到一笔700万美元的捐款确实很困难，舒乐博士就改成募集7笔100万美元的捐款，还是不能得到。后来他就又改成募集14笔50万美元的捐款，又改成募集28笔25万美元的捐款，又改成募集70笔10万美元的捐款，又改成募集100笔7万美元的捐款，又改成募集280笔2.5万美元的捐款，最后改成募集700笔1万美元的捐款。

舒乐博士把700万美元一次又一次地分解成更小的目标，最终分解成1万美元。每次募集1万美元，比起一下子募集到700万美元容易多了。就这样，舒乐博士从1万美元开始，一点一点地募集，历时12年，最终募集到两千多万美元，建成了可容纳一万多人的水晶大教堂。这座水晶大教堂也因此成为世界建筑史上的一个奇迹，吸引了世界各地的人前来浏览。

每个人都有自己的人生目标，一些大目标看似难以实现，但是如果你把它分解成无数个小目标，就像山田本一和舒乐博士一样，每次实现一个小目标，以后的目标也就不会觉得有难度了。

实现理想目标，就要进行合理的规划，把自己的综合能力和自己的未来结合在一起，那就是自己的梦想空间了。分解是实现目标的步骤之一，要实现理想目标，通常要完成以下九个步骤。

步骤一：将理想目标分解为易实现的小目标。

步骤二：专注承诺写下具体目标。

步骤三：运用潜意识的力量。

步骤四：找出可能遇到的问题。

步骤五：整合有效的资源。

步骤六：抓住重点，做应该做的事。

步骤七：确实期限，管理时间。

步骤八：做好详细的计划。

步骤九：找出失败的原因，随时校正。

理想需要行动来支撑，俞敏洪喜欢用金字塔和石头之间的关系来说明目标细分的必要性：金字塔如果拆开来看，只不过是一堆散乱的石头；日子如果过得没有目标，就只是几段散乱的岁月，但如果把一种努力凝聚到每一日，去实现一个梦想，散乱的日子就集结成了生命的永恒。向着理想的方向，从每一件小事做起。像堆金字塔一样，才能建造一个属于自己的世界，实现人生最大的理想。

【经典链接】

理想是黑暗中的一盏名灯，能照亮跋涉者心中的每一个角落。

理想如星辰——我们永不能触到，但我们可像航海者一样，借星光的位置而航行。——史立兹

我宁可做人类中有梦想和有完成梦想的愿望的、最渺小的人，而不愿做一个最伟大的、无梦想、无愿望的人。——纪伯伦

人生重要的事情就是确定一个伟大的目标，并决心实现它。——歌德

理想是力量的泉源、智慧的摇篮、冲锋的战旗、斩棘的利剑。

三、借鉴伟人人生，发挥榜样的力量

理想是沙漠中的绿洲，是暗夜里的灯光，是吹响生命的号角。青年学生如果失去了理想，生活就会失去光彩，生命就会枯萎。有了理想，生活就会充满希望，生命就会闪光。理想之花灿烂，理想之果甘美，但要使理想开花结果，必须用辛勤的汗水来浇灌。教育是为祖国培养栋梁，如何让21世纪的青少年树立远大的理想。榜样的力量是无穷的。古人说"人贵有志"。在中外历史上，有很多胸怀大志，以天下大事为己任的伟人，在青少年时代

就怀有远大理想。纵观古今中外，凡有成就的人，都胸怀大志，而且从少年甚至从童年就立下了雄伟的志向。贝多芬有理想，才会扼住命运的咽喉，创造出伟大的音乐；鲁迅有理想，才使锐利的思想穿透历史的天空，化作永恒；周恩来有理想，才会为中华之崛起而读书。马克思在中学毕业时就提出自己的理想是"人类的幸福"；列宁在少年时代就立志成为一个对社会有益的人；毛泽东青年求学时期，常常和朋友互相勉励说，读书要有理想，要有"以天下为己任"的雄心壮志……这些伟人都是从小就树立了崇高的理想，所以他们一旦有了干一番大事业的时机，就很容易进入一个比较高的思想境界，最终都为人类做出了杰出的贡献。

著名音乐家贝多芬，幼年双耳失聪，这对于一个以音乐为梦想的人，打击无疑是巨大的。但他并没有气馁，而是坚持自己的音乐梦，这在当时人们的眼里，就是个不切实际的梦想。然而，他付出了大半的心血，坚韧不拔，最终完成了这个不切合实际的音乐梦，成为了世界著名音乐家。

当代首富比尔·盖茨，出生于一个小富家庭，小时数学天赋极佳。在当时，电脑科技并不发达，上网极为困难。他的梦想就是为电脑事业做出贡献，这在当时，是多么的不切实际。然而，他凭借优越的天赋，果断的决心，朋友的帮助，最终成为了电脑界的一颗巨星。

如果贝多芬当时放弃音乐梦，世界就会少了一个音乐巨星，更没有了《命运交响曲》等传世之作。如果比尔·盖茨放弃自己为电脑科技奉献的梦，那么电脑就不会发展如此迅速。

请看成功者的理想：

比尔·盖茨	人人办公桌上都有一台计算机
特蕾莎修女	帮助贫病交加、面临死亡的人，让他们找到上帝
圣雄甘地	用和平的方法谋求印度独立

| 爱迪生 | 揭示大自然的秘密，用以造福人类 |
| 爱因斯坦 | 用统一场论解释全宇宙的每一个物理现象 |

只有确定了崇高的、同时也是独特的、最适合自己的理想，才能成为了不起的成功者。

"不是因为了不起，所以才有理想，而是因为有了理想，才成为了不起的人。"——摘自李开复《做最好的自己》人民出版社2005年9月

李开复从大学二年级起就把"影响力"当作自己的人生理想。"人生只有一次，我认为最重要的就是要有最大的影响力（impact），能够帮助自己、帮助家庭、帮助国家、帮助世界、帮助后人，能够让他们的日子过得更好、更有效率，能够为他们带来幸福和快乐。"

正值青春年代的学子，更应该树立远大的理想，展示青春的风采。有了理想就拥有了追求之源，奋斗之基。

罗杰·罗尔斯是纽约第五十三任州长，也是纽约历史上第一位黑人州长。他出生于美国纽约声名狼藉的大沙头贫民窟，这里环境肮脏、充满暴力，是偷渡者和流浪汉的聚集地。在这儿出生的孩子，长大后很少的人获得较体面的职业。然而，罗杰·罗尔斯是个例外，他不仅考入了大学，而且成了州长。在就职的记者招待会上，罗杰·罗尔斯对自己的奋斗史只字未提，他仅说了一个非常陌生的名字——皮尔·保罗，后来人们才知道，皮尔·保罗是他小学的一位校长。罗杰斯从小就受到了不良影响，读小学时经常逃学、打架、偷窃。一天，当他从窗台上跳下，伸着小手走向讲台时，校长皮尔·保罗将他逮个正着。出乎意料的是校长没有批评他，反而说："我一看你修长的小拇指就知道，将来你一定会是纽约州的州长。"当时的罗尔斯大吃一惊，因为在他不长的人生经历中只有奶奶让他振奋过一次，说他可以成为五吨重的小船的船长。他记下了校长的话并坚信这是真实的。从那天起，"纽约州州长"就像一面旗帜在他心里高高飘扬。罗

尔斯的衣服不再沾满泥土、语言不再肮脏难听、行动也不再拖沓和漫无目的。在此后的40多年间，他没有一天不按州长的身份要求自己。终于，在51岁那年，他成了纽约州的州长。在他的就职演说中，有这么一段话。他说，信念值多少钱？信念是不值钱的，它有时甚至是一个善意的欺骗，然而你一旦坚持下去，它就会迅速升值。在这个世界上，信念这种东西任何人都可以免费获得，所有成功者最初都是从一个小小的信念开始的。信念是所有奇迹的萌发点。也许，在成长道路上，我们缺乏的不是机遇、也不是聪明才智，而是理想、信念。[3]

【经典链接】

道德教育的核心问题，是使每个人确立崇高的生活目的。……人每日好似向着未来阔步前进，时时刻刻想着未来，关注着未来。由理解社会理想到形成个人崇高的生活目的，这是教育，首先是情感教育的一条漫长的道路。

——苏霍姆林斯基

要有生活目标，一辈子的目标，一段时期的目标，一个阶段的目标，一年的目标，一个月的目标，一个星期的目标，一天的目标，一个小时的目标，一分钟的目标。——列夫·托尔斯泰

思想是根基，理想是嫩绿的芽胚，在这上面生长出人类的思想、活动、行为、热情、激情的大树。——苏霍姆林斯基

十分重要的是，关于祖国的豪言壮语和崇高理想在我们学生的意识中不要变成响亮的然而是空洞的辞藻，不要使它们由于一再重复而变得黯然失色、平淡无奇。让孩子们不要去空谈崇高的理想，让这些理想存在于幼小心灵的热情激荡之中，存在于激奋的情感和行动之中，存在于爱和恨、忠诚和不妥协的精神之中。——苏霍姆林斯基

人生的真正欢乐是致力于一个自己认为是伟大的目标。——萧伯纳

中学班主任与学生有效沟通的技巧

伟大的目标构成伟大的心。——埃德蒙斯

参考文献：

[1]《华罗庚诗文选》，中国文史出版社1986年版，第188页

[2]李开复.《做最好的自己》，人民出版社2005年9月

[3]《商业故事》，2010年第09期

第二节　引导学生认识规划人生的重要性

一、规划大学——向"象牙塔"幸福起航

【导语】

据有关研究发现，中国人的职业幸福感指数在世界范围内排名是比较靠后的，也就是很多人都不能从自己所从事的职业中获得幸福的体验。

一个人无法获得幸福，这显然是很大的问题。问题的根源在于我们人生规划存在着盲点，我们的职业选择存在认识的误区。作为教育者，应该引领学生做自己人生规划的主人，确立职业目标，尽早明确职业培养需求。带领学生一方面志存高远，又带领学生脚踏实地。

规划的意义

高燕定老师说"人生设计在童年"。在他的努力下，女儿早在10岁就开始有意设计自己的人生，最终走出了一条成功的求学之路。她的成功无疑告诉我们一个道理，人生规划越早越好，人生设计越精确越好。而最早的设计应该在童年。

但是，现实的情况却不容你这样乐观。许多家长并不懂得设计的重要性，在孩子的儿童时期多半以上各种课外班为主；在少年时期多半又以上各种竞赛班为主；等到了高中，则是全家人计算高考的日期，进行苦口婆心的寒窗教育。对孩子而言，童年也许有许多梦想，但随着时间的增长，他们并没有一个可以实现梦想的空间，并没有一个人指引如何实现梦想，怎么有计划地实施，所有的梦想实现路径在家长在孩子看来，只有一个，那就是考大学。殊不知，大学时候的他们，已经是成熟的个体，潜能已经在这无声的求学中淹没了许多。所以，现实情况是，许多人儿时的梦想其实根本没有实现。笔者所在的班级曾经做个一个调查，让学生回家采访父辈母辈。采访的问题是：你现在的职业是你儿时的梦想中的职业吗？调查的结果让人深思：58人中，只有三个同学的父母现在的职业和儿时的梦想相吻合。

到底是什么阻碍了我们梦想的实现？在现如今的高中生涯里，我们怎么帮助他们规划好自己的人生？

现状分析

对于一个一心准备高考的高中生而言，很少考虑到自我的特点和未来的规划。对于即将走进大学校园的他们，很多人对大学生活有着不正确的理解和不现实的幻想。北京大学教育经济研究所公布的一项调查报告显示，有三分之一以上（35.9%）的学生对"对所学专业不感兴趣"，其中重点高校、一般本科、高职院校分别为32.3%，39.1%，36.9%。正是因为这个原因，很多高中生走进大学之后才发现自己的准备根本不够，对专业与个人特点的片面了解，使很多新生茫然而不知所措，甚至在某种程度上失去了高中的热情和斗志。

古人云：凡事预则立，不预则废。

到底如何才能使自己的人生不虚度呢？一切成功者的经历都告诉我们，善于规划自己的人生，才是事业成功的根本。西方有句谚语说："如果你不知道你要到哪儿去，那通常你哪也去不了"。许多人怀着羡慕去看那些取得成功的人，总认为他们的成功有一定的外力相助，于是感叹自己"生不逢时"，感叹自己"没有机缘"。美国的一个研究机构，曾长期追踪100个年轻人，直到他们65岁。结果发现，只有一个人很富有，5个人有经济保障，剩下94人都不好。这94人晚年拮据，并非努力不够，主要因为没有明确而清晰的目标。

　　现在的高中学生，当你问"你上高中的目的是什么"，有九成的孩子会回答"考上一个好大学"。等你再继续追问"想去哪个大学？"多数孩子又是一阵支吾。这种模糊的目标将不能对孩子产生动力，也不能成为孩子未来成功的助推器。诚如，一个跑向山顶的人，只知道往上跑，至于山顶有晴空还是阴雨，山路是平坦还是泥泞，路程需要何种工具辅助，则没有被他们考虑在内。那么结果就是延长了登临山顶的时间，抑或半途遇见困难而没有打败困难的工具，结果导致失败。

　　有一个清晰的目标，在高中阶段甚至说人生的任何一个阶段都是一个强大的动力，它将帮你有步骤地完成精彩人生。

目标的意义

【引子】

　　传说《西游记》中唐僧前往西天取经前，曾到长安附近的一个村子选坐骑。前来报名的有白马、黄羊、黑驴和青牛，最后唐僧选择了白马。

　　这一去就是17年。这匹马被誉为是"大唐第一名马"。白马衣锦还乡，看昔日的老朋友。只有黑驴不服气，"为什么你现在这么威风？我这些年闲着了吗？出的力气比你少吗？走的路比你少吗？凭什么大家对你那么崇拜？"

白马平静地说"老弟，我去陪大师西天取经，是因为我们有个优秀的团队，有使命，有明确的目标，遇到任何困难都勇往直前。这些年，你走的路确实不比我少，甚至比我还多。你受的累也不比我少。但区别是：我走了以后，你被蒙上眼睛一直转圈拉磨，所以你什么也讲不出来。我有一个建功立业、丰富多彩的马生，而你只有一个碌碌无为的驴生。"

这个故事平白如话。忙不代表有目标，有意义。许多人的忙其实仅仅是为了生存。定目标就是要给自己一个精彩的人生。

目标的意义

近年来，大学生职业规划成为教育界研究的热门领域之一。在许多省的教育机构里，也有了相应的部门。事实上，职业规划并不是一个新的话题。国外一向注重个人的职业规划，并构成了人力资源管理的重要内容。对学生而言，针对大学阶段的规划是完整的职业规划中重要组成部分，在高中甚至更早的时候就应提出。然而国内相关的研究和实践却几乎空白。

大学规划是指：在清楚地认识自身特点和特长，了解大学专业及学习、生活环境的基础上，准确选择专业和大学，定位自己的大学阶段目标，并采取有效的行动达成目标的过程。进一步讲，就是要依靠自身发展目标，定位最适合自身学习的专业、确定要报考的学校、形成最有效的学习方式并设计大学阶段学习、生活等。很显然，这项任务，在高中阶段就应该完成。在整个的高中，有计划地甚至是故意的朝着专业的能力要求发展自身的潜力，培养自身的特长。例如，公安干警专业，需要极强的观察力和判断力，那么你就可以在高中的学科中有意培养自己的观察区别能力，培养自己对突发事件做出合理的理智的判断。

在美国等发达国家，规划在幼儿园里就已经开始。但国内幼儿园还存

在着小学化的弊端, 仍然以教知识为主。

如果高中就清楚自己的特点与将来适合发展的方向, 那么学习就会非常有主动性, 在填报志愿时也就有更充分的准备。因而, 高中生对大学规划可以看作个人职业规划的重要阶段。鉴于在我国高中生面临的"高考"、"就业难"等特殊现实, 高中生对大学的认知与规划又有着其特殊的意义。

高中生进行大学规划, 最直接的意义在于选择适合的高校与专业。众所周知, 在我国现行教育体系下, 高中生在高考前后面临着填报志愿的另一个"高考"。而这个阶段, 许多家长和同学由于不了解自身情况和大学专业而茫然无措。因此, 高中生进行有针对性的大学规划, 可以很好地规避志愿填报时的风险, 不打无准备之仗。

除此之外, 其长远现实意义体现在: 进行目标规划, 可以让自己尽快明确努力的方向, 进而培养一种执着的永不放弃的精神, 这对于未来的整个人生都有着不可估量的作用。

哈佛大学有一个非常著名的关于目标对人生影响的跟踪调查。调查的对象是一群智力、学历、环境等条件都差不多的大学毕业生。结果是这样的: 27%的人, 没有目标; 60%的人, 目标模糊; 10%的人, 有清晰但比较短期的目标; 3%的人, 有清晰而长远的目标。以后的25年, 他们开始了自己的职业生涯。

前文已提到各种不同的初衷最终导致了不同的结局。在如今的社会里, 许多人更是没有认识到目标的作用, 所以很多人不能够走向成功。

设计大学, 点亮未来

古今中外的教育家反复告诫人们, 中学生应该为自己的成长、成才早做设计和规划, 这样可以使自己少走弯路, 可以帮助自己早日成才。

人生如棋，得失之间蕴藏玄机，如果想获得人生的成功，如果想赢得棋局的胜利，那么，就要思考一下未来的人生计划。

2006年，班级里有个学生叫林峰，从入学的第一天，他就告诉我们他的目标是——上海金融学院。三年来，他在课余时间看金融管理，在假期进行财务学习，平时的学习更加注重计算，最后成功考入理想中的大学。

站得高，才能望得远。为什么有的人自幼聪颖长大后却一事无成？为什么有的人非常努力但成人后却事业蹉跎？为什么有的人机遇多多，出身显贵但步入社会后却第一个被淘汰？问题的关键在于，决定未来命运的，除了天分、努力、机遇外，还有理想目标的激励，还有人生规划的设计。只有及早地做好自己的人生规划，用心设计自己的人生，并一直执着地去追求。唯有如此，才能改变命运，才能成就美好人生。

【经典链接】

生涯即人生、生涯即竞争，生涯规划就是个人一生的竞争策略规划。

生涯要规划，更要经营，起点是自己，终点也是自己，没有人能代劳。

生涯规划就是规划人生的远景，彩绘生命的蓝图，发挥自己的才能，写出人生的剧本。

生涯规划包括如何成长、学习、谋生及生活，是一连串思考、选择、计划、打拼、发展的终生历程。

生涯规划的目的，在于掌握住现在。看得见未来；促进自我了解、自我定位、自我发展及自我实现。

规划职业——为学生的终生幸福奠基

什么是职业规划？它是指个人结合自身情况、眼前的机遇和制约因素，为自己确立职业方向、职业目标，选择职业道路、确定教育计划、发

展计划,为实现职业生涯目标而确立行动实践和行动方案。它主要包括:职业方向和总体目标、社会环境分析结果、目标分解和实践实践、成功的标准、自身条件和潜力测评结果、差距分析、缩小差距的方法及实施方案。这是自己的事情,别人无法替代。无论你是多么信赖和崇拜某人,别人替你做的职业生涯规划永远是不可能最适合你的。你可以征求他们的意见,但绝不可以找别人为你做、替你做、给你做。它的原动力在于个人自身。

职业规划的意义

为自己制订一个科学的职业规划,就是构筑自己人生的宏伟大厦。人生是海,职业是船。从工作的那一天开始,我们就开始驾驶自己的人生之船,一个成功的船长会让自己的船在大海中愉快地航行,到达一个又一个好的地方,无论什么天气,他都有让船平衡的办法。这个船,就是职业之船。

每个人都有属于自己的美好愿望,而职业规划就是让自己每天做的事情和自己的美好愿望形成一个紧密地联结。有的人制订的目标像蓝天的白云飘忽不定,有的人像沙漠的海市蜃楼,美丽却永远达不到。究其原因,要么是不符实际,要么就是好高骛远。做一个切实可行的职业规划,对于一个人实现成功有着无限的重要的意义。

做好职业生涯规划,其意义可以体现在以下几个方面:

第一,职业生涯规划有助于帮助自己确定职业发展目标。通过分析,认识自己,了解自己,估计自己的能力、智慧以及性格;找出自己的特点,明确自己的优势,正确设定自己的职业发展目标,并制订行动计划,使自己的才能得到充分发挥,以实现职业发展目标。

怎么制订自己的职业目标呢?或许下面的几个问题可以帮助你进行思考。

你可以围绕这样几个问题来进行自己实现职业目标的前期准备。这三个问题是：我是谁？我要去哪儿？我怎样到达那儿？这可以比较系统地帮助他们；识别各自的兴趣和天赋；从各种各样的资源中了解相关的职业信息；明确自己的方向；发现自身的能力局限；最后在不断追问的过程中懂得学习是一个终身的过程。

我是谁？主要让他们尝试设立个人的目标，探索喜欢的和不喜欢的东西，并且识别那些对他们的生活有重大影响的人，参与兴趣评估和关于学习技巧的会议。最后的活动是完成一幅"我是谁"的拼贴图。在这幅图里学生展现各自的喜好，比如他们想住在哪，他们喜欢的工作的类型，甚至他们想要驾驶的汽车的种类。在这个层面上，学生开始探索他们渴望追求的生活风格，并基于他们各自的职业选择。

我要去哪儿？这是一个帮助他们把学校和工作世界联系起来的问题。把正规的学校教育变成具体可感的实际的工作。

我怎样到达那儿？即帮助学生完成实现梦想的具体方案。让梦想确实可以触及，可以感受。并用一定的计划逐步完成自己的目标，而不至于流于空想，流于纸上谈兵。

第二，职业生涯规划有助于鞭策自己目前的学习状态。对许多人来说，制订和实现规划就像一场比赛，随着时间推移，你一步一步地实现规划，这时你的思维方式和工作方式又会渐渐改变。这一点至关重要。例如，有一个学生特别想考入北京电影学院。那么她的学科选择首先就应该是文科。在学习的过程中，要不断地增加自己的涵养，参与学校的社团活动，培养自己举办活动的能力，提升自己的文化素养等等。有了这样的比较性的要求学生就会在日常学习生活中，检查自身的缺憾，提升自己的能力，进而对整个学习的状态就会有很大的促动。

第三，职业生涯规划有助于自己抓住重点。制订职业生涯规划的一个最大的好处是有助于我们安排生活的轻重缓急。通过职业生涯规划，能使我们紧紧抓住生活的重点，增加我们成功的可能性。在职业发展的道路上，重要的不是你现在所处的位置，而是迈向下一步的方向。

第四，职业生涯规划有助于引导个人发挥潜能。职业生涯规划能助你集中精力，全神贯注于自己有优势并且会有高回报的方面，这样有助于你发挥尽可能大的潜力，最终实现成功的目标。引导你正确认识自身的个性特质、现有与潜在的资源优势，帮助你重新对自己的价值进行定位并使其持续增值。

第五，引导你评估个人目标与现实之间的差距。职业计划是发展的，是要有计划、有目的，不可盲目地"撞大运"。这对于一些不能正确估量自己，不能够认清自己的学生有很大的帮助。例如内向型的学生并不适合对外交流，特别外向的学生不适合搞科研。尤其在填报志愿方面有着极强的指导意义。对于高中生而言，填报志愿，选择学校和专业是一个十分现实和重要的问题。长期以来，我国把学生大学学习的专业和他们毕业之后的职业联系起来，将社会人力资源需求计划转变为高等学校年度招生计划。因而志愿填报在很大程度上影响着学生进入大学后的学习与毕业后的就业。高中生填报志愿时，根据大学专业的招生计划，由学生、家人及高中老师决定。但这些人对大学及专业的了解本身就很有限，加之学生本人缺乏对大学阶段的规划，选择个性与爱好和符合的专业就更加困难。因而高中生填报志愿时有很大的盲目性。

职业计划能够帮助学生拥有一个客观而又适合的选择。例如：有的学生只知道大学的名字，但并不知道自己所学的专业并不是自己的擅长甚至连兴趣都谈不上。身边有一个这样的例子。一个女孩性格内向，腼腆。她为了要考上北京的一所大学，做着不懈的努力。问她，去北京的哪所学校？她说，只要在北京就行，哪所学校无所谓。这种由于热爱某个城市，甚至崇拜某所大学的某个教授而进行的选择，是最不负责任的一种行为。最终，这个女孩虽走入了北京，但由于学习的是地理，而她并不喜欢考察地理，结果虽上了大学，但闷闷不乐。大学毕业，由于在校期间，对所学专业并不热爱，导致专业学习不精，工作以后，在一家私人企业做销售。专业没有得到进一步的发展，销售又重新学起。

这样的结果，对于一个人的一生来讲，虽说是上了一所好大学，但其实是走了一场弯路。甚至，有许多人，得重新来过，耽搁了成功的时间。

如果职业目标设计明确而又清晰，在报考志愿的时候就不会面临这种困境，那么向着自己的目标去努力，在大学期间就会如鱼得水，不但能得到相应的锻炼，同时在这个职业发展期间也会有更为专业的培养，为后期的投入社会做了最充足的准备，增加成功的可能。

好的计划是成功的开始。

二、职业规划的实践形式——行业体验

在高中阶段，怎么针对自己的职业方向做最充足最有效的准备呢？一个行之有效又有益的方法就是——行业体验。

这既是对自我职业的一种检测，同时也是一种人生定位的初步判断。在体验里感受人生，在体验里认识自我，在体验里认识世界。体验的行业可根据自己未来的从业方向来定，进而选择合适的企业。笔者于2011年暑期对学生要体验的行业类型做了调查，结果如下：

行业志向	人数	行业志向	人数
企管	16	化学家	1
金融管理	4	机要员	1
工商管理	2	外事接待	1
工程师	7	编剧	1
医生	9	摄影师	
设计师	5	业务员	1
教师	2	农民	1
建筑师	1	歌手	1
研究员	1	化工和汽车	1
编程设计	2	天体物理学家	1
高级技师	1		
其他	技术工程，律师，军官，化学家，摄影师，银行会计		

根据学生提供的职业方向，我们选择了比较有名的单位，让学生最直接去感受，去体验。但同时也不难发现，学生选择的职业类型多属传统型的职业，是属于公认的"好工作"。这恰恰说明，学生对社会的认识很浅，并不了解社会的职业类型。在他们的眼中，父辈的职业才是首选。所以，在让学生和社会接轨的同时，也要适当地介绍给他们当今的社会就业状况和新兴的行业类型，甚至是大学生自主创业在如今的发展趋势。

比如可公布2010七大战略性新兴产业，2011年国外新兴行业等等。一些如风险投资评估师，谈判专家，私人营养师等等都是我们现在稀缺的人才，而学生们却从不知晓。通过这种方式鼓励学生放宽视野，并形成学习的内驱力。

为了让行业体验行之有效，让学生从心理认识到它的作用，同时也是让学生们都参与到这种形式中来，真正地把职业规划落到实处。我们可采取行业体验报告的方式，行业体验感悟的方式，行业体验照片展出等方式作为验收。行业报告如下图：

班级		姓名	
体验时间		体验单位	
体验行业		体验时长	
体验感悟			
单位意见			
体验收获			
贴照片处			

三、帮助学生奠基幸福人生

一个人的一生, 怎样才是幸福的? 答案只有一个: 实现自我价值。

一个人的职业发展决定了他的人生需求, 特别是高级需求的满足程度。怎样才能更好地满足高级需求, 那就是要通过职业的生涯发展。如果一个人只满足于温饱, 那么他与蝼蚁何异? 他有归属感么? 他有成功感吗? 一格人的人生价值是在为社会做出贡献和对自我价值的不断认定中来实现的。人生设计第一人徐小平说"如果你不进行人生规划的设计, 那么你离挨饿只有三天。"秋天的硕果累累来自于春天的播种。每个人的人生都是不可复制的, 那么自己要规划好自己的航海图, 为自己的幸福人生做奠基!

【经典链接】

全方位的生涯规划, 至少包括四个领域: 缤纷生活路、快乐工作路、丰富学习路、职涯成功路。

职涯成功路包括: 终身受雇、职位晋升、专长发展、绩效创高等。

人生的地图, 画满了各式各样的关卡, 每过一关都是成长, 能够过关便是幸运, 经历种种关卡所累积的教训及经验, 更是人生的智慧。

第三节 引导学生认识学习的重要性

一、鼓励学优生百尺竿头更进一步

【引言】

一个学优生成长的故事

甲同学与乙同学都是我校实验班的学生，学习成绩一直是班级佼佼者。其中甲同学性格活泼开朗，是班级的开心果，而乙同学性格有些内向且嫉妒心强。有一天，甲同学发现在自己的脚下有一张试卷不知被谁踩了一个脚印，赶忙捡起来询问四周的同学是谁的。这时乙同学发现是自己的，赶紧要了回去，但是当她发现自己试卷上的脚印时，便对甲同学大声的指责，说是甲同学故意踩的，两人因为这个小小的摩擦，你一句我一句的辩解和指责，最后导致了二人情绪激动均不能上课，班主任与家长出面才得以化解。调查原因发现就是在刚刚结束的期中考试中，甲同学的成绩要比乙同学的成绩好而已。

事情虽然过去了，但这起优秀生因为一张试卷的案例却常常让我反思。学习优等生具备学习勤奋、善于思考、求知欲强、积极肯干、尊敬师长等优良品质，老师和家长对他们青睐有加，同学们羡慕他们。但正是在这些光环的笼罩下，他们身上潜藏着的许多不良的因素却往往被我们忽视，最终引发出更深层次的问题。那么，这些学优生要想百尺竿头更进一步，作为班主任教师就需要认真研究学优生的应然状态和实然状态，进而找到他们身上存在的问题，有的放矢地帮助他们加以改正，助其成长为身心全面发展的优秀人才。

（一）学优生概念界定及其应然状态

所谓的"学优生"，在目前高考体制下，在许多老师和家长的眼里，就是指那些学习成绩优异拔尖的学生。一俊遮百丑，只要学习成绩好就是优等生。事实上，这种定位只看重学生的智商水平，而忽视了学生的情商，诸如在道德、情绪、情感、意志、抗挫折、抗压力等方面的品质，结果导致了在素质教育过程中我们培养出了许多问题学生。而真正的"学优生"则是指知、情、意、行等各个方面均全面发展的学生。概括来说，学优生的应然状态主要表现在以下几个方面。

1. 重知

"知"，即认知、感知，是学生了解和认识世界的一种心理活动。学习最首先的过程是感知的过程，诸如孔子提出"敏而好学，不耻下问"（《论语·公治长》）、"多见阙疑""多见阙殆"（《论语·为政》）、"多识于鸟兽草木之名"（《论语·阳货》）等言论，皆是在主张好学、重知。而学优生在这方面应该是非常突出的，他们对问题理解不拘泥于表面、深刻、全面，在面对问题时能够采取各种灵活有效的学习策略和方法来完成学习任务，而且还能够提出许多富有真知灼见的见解。此外，他们的兴趣也广泛，好奇心浓厚，做事情富有主动性和计划性，等等。

2. 养情

"情"，即情绪、情感，是学生在知的基础上对外部世界产生的一种体验。情感、兴趣是最好的老师，是学生主动学习，积极思维探求知识的内在动力。正如孔子所说："知之者不如好之者；好之者不如乐之者"（《论语·雍也》）。在面对枯燥乏味的学习活动时，如果学生没有求知的欲望和

强烈的兴趣是很难坚持到底的。而优秀的学生却在这方面能够全神贯注地投身于学习中，积极思维，大胆质疑，勇于探索。

3. 坚意

"意"，即意志，是学生在确定学习目标后能够自主支配和调节行动来实现预定目标的心理过程。所谓"有志者志不移，无志者常立志"，坚强的意志是优秀学生成功的重要条件。孟子曾说过："天将降大任于斯人也，必先苦其心志，劳其筋骨，饿其体肤，空乏其身，行拂乱其所为，所以动心忍性，增益其所不能"。优秀的学生在学习上意志坚定、顽强，有较强的学习动机和进取心，为了达到学习预期，他们积极主动地投入学习，坚定地付出努力，能够主动地克服困难，战胜学习方面的挫折，并以超常的毅力承受来自学习上的各种压力，克服各种干扰或障碍。

4. 持行

"行"，即实践，是指学生的学习行为或活动。实践是认识的目的和归宿。知识只有学以致用，才能真正显现出学习的价值。如孔子在《论语·述而》中说，"诵诗三百，授之以政，不达；使于四方，不能专对，虽多，亦奚以为？"说的就是要重视实践。优秀的学生一般不会把全部的精力都放在关注学习成绩上，两耳不闻窗外事，而是积极地参加班级、学校、社会组织开展的各项活动，以增加自己的人生阅历。

（二）学优生问题的表现及成因分析

虽然学优生在知情意行等方面有着不同于其他学生的优异表现，但是人无完人，更何况是青春期的未成年人，他们正处于人生的成长期、发育期和塑造期，在心智上还不很成熟，表现出很多不稳定的症状。因此，中学班主任在面对学优生时，应该善于察言观色、明察秋毫，找到他们身上存在的潜在问题，帮助他们改正错误，使其百尺竿头更进一步。

1. 学优生问题的表现

（1）知的片面。学优生由于在学习成绩上具有优越感和成就感，往往会情不自禁地表现出过高地估计自己的长处，逐渐养成好高骛远、眼高手低的学习态度。特别是在家长和教师的呵护下，过度的优越感使他们容易产生盛气凌人，凌驾于其他同学之上的感觉，也使他们不能正视自己的不足之处，骄傲自满，听不进去任何不同意见。因此，在学习上存在着基础知识不扎实，学习方式方法不对头，学习习惯不好等现象。

（2）情感障碍。学优生虽然在学习上有着强大的求知欲望和强烈的兴趣，但是当他们遇到困难和挫折时，当他们过高的期望没有实现时，会表现出情绪不稳定、低落、反常、孤独、悲伤、失落、消沉，不愿与同学交往，对集体和班级事情不感兴趣。更严重者，可能会表现出人格上的发展不协调，心胸狭窄，嫉妒心强，过于关注别人对自己的评价，人际关系紧张等现象。案例中的乙同学就是因为一次考试成绩没有甲同学好，进而发生了冲突。

（3）意志障碍。学优生因为一直是学习成绩的佼佼者，少有经历挫折或失败的体验，所以易编织梦想，这容易导致他们情感脆弱，意志薄弱，心理承受能力不强，一旦发生挫折或遇到困难，自我调节和自我控制能力较差。特别是在周围人的高期待、高关注下，给他们带来很大的心理压力，把学习成绩的高与低看作是一场输赢的较量，只许成功不许失败，否则可能自此一蹶不振。

（4）行动欠缺。许多学优生一心只想得高分，往往是两耳不闻窗外事，以牺牲个人的兴趣爱好、课外活动来换取高分。认为只要学习好、成绩优，就是优秀生，其他的都是次要的。结果导致了很多学优生是"头脑发达、四体不勤"的"玻璃化"学生。这种死读书、读死书的行为，实际上是不利于学生德智体美全面发展的。

中学班主任与学生有效沟通的技巧

2. 问题成因分析

这些学习优秀的学生在知情意行等方面存在的问题, 不但与社会、学校和家庭的外部教育影响有关, 而且还与学生个人自身成长的经历以及个性积淀有着密切关系。

(1) 社会环境的影响——应试教育的评价体系

虽然新课程改革已经在全国各地轰轰烈烈的展开, 素质教育真正步入了正轨, 但是由于目前我国高考升学率指挥棒还没有改变, 以升学选拔与甄别为目的的应试教育评价机制仍然存在, 这无形中左右着教师、家长的教育观念和教学行为。在这种过分功利化的导向下, 再加之社会和家长对学生成绩的过高期望, 把"成绩好"、"听话"作为评价好孩子、"三好生"的标准, 却忽视了学生兴趣爱好的培养、知识面的拓宽, 忽略了心理素质的培养, 忽略了学生的全面发展。这使得许多高中生只关注成功, 结果在造就一个个学习尖子的同时, 也造就了一批心理脆弱、过分追求完美的问题"学优生"。

(2) 学校环境的影响——"晕轮效应"

从班主任管理的视角来看, 学优生由于学习"成绩好"、"听话", 因此容易得到班主任和科任老师的偏爱、同学们的崇拜和羡慕, 这使得他们逐渐产生一种高人一等的优越感; 即使偶尔犯了一些错误, 也会容易得到老师的原谅, 这无形中助长了他们骄傲和娇气的行为习惯的产生。久而久之, 他们就会表现出自命清高的现象, 对困难和挫折的承受能力也开始变得脆弱。

(3) 家庭环境的影响——父母教养方式

家庭是学生成长发展的重要场所, 家庭成员的知识文化、道德观念、审美情趣、榜样作用、生活方式等因素, 对高中生良好品德和健康人格的形成和发展起着重要的作用。其中父母的教养方式是影响学生社会化发展及心理健康的最重要因素之一。望子成龙、望女成凤是父母的普遍心理，家长对学习成绩好的学生宠爱有加，对他们有求必应，很少严厉惩罚。父母的这种过分保护易使学生形成强烈的依赖心理，难以在学习活动中形成自主独立的个性特征。一旦遇到意想不到、突如其来的困难和挫折，他们就会显得无所适从。

(4) 学生自身因素影响

学生在成长过程中，虽然会不同程度地受到社会、学校和家庭等因素的影响，但是更主要的却是学生自身因素的影响。首先，在家长和老师的高期望值的影响下，学生对自己期望值也会过高，为了保持自己的领先地位，学优生常常会给自己设置更高的目标，给自己施加压力，提高要求。在高期望、严要求下，学生的心理包袱会越来越重，表现在情感和意志上出现障碍。其次，一些学优生由于平时自己学习成绩好，逐渐养成了自满自大、自我完美的高大形象。他们觉得自己是独一无二的优秀生，其他同学都得臣服在自己的脚下。然而，一旦情况发生变化，有其他同学超越了他们，他们就会变得消极、逃避，陷入了理想的我与现实的我争执的抑郁中，常常表现出惴惴不安，甚至出现强迫症状。再次，在现行高考选拔性考试制度下，在学生追求"高分"的同时，也养成了"低能"的习惯。在面对一些突如其来的挫折时，由于思想准备不足心理适应能力差，他们就可能表现出措手不及、方寸大乱、情绪低落等情况。最后，这些学优生在追逐学习成绩的同时，也养成了孤家寡人的习惯，无暇与同学交流，沉浸在自我专注的学习之中，人际关系比较孤独，难以形成融洽的同学关系，等等。

二、解决学优生问题的方法与对策

（一）搭建平台，展示才能

学优生因为学习成绩的优异使他们具有较强的表现欲望，在公开场合展示自己的才华是每一个学优生努力追求的目标。因此，班主任和任课教师在充分掌握学优生实际情况的基础上，要不断地创造合适的机会，为学优生搭建展示自己才能的平台，让学优生在自我展示中充分地享受到成功的快乐与愉悦。比如，在学校或年级组织各种活动时，努力为他们争取参加的机会，让他们在学习、活动中体验到备受瞩目的感觉，这样学优生在满足自己内心需要的同时，进而会促进他们继续踏实学习，努力上进，进一步刺激他们好学上进的内心需求，有利于学优生百尺竿头更进一步。

（二）树立目标，追求卓越

卓越是一种追求，是一种品质。有梦想才会有追求。高尔基曾说过："一个人努力的目标越高，他的才能发展得越快。"有了登高望远的情怀，有了挑战极限、超越自我的拼劲，才会有源源不断的动力，进而激发斗志，奋力拼搏。学优生要想在知情意行、德智体美上全面发展，追求卓越之心是不可缺少的。因此，班主任和任课教师要在优秀生成长的不同时期、不同阶段引导他们给自己提出新目标、高目标，激励他们挑战自我，挖掘潜能，向更高层次迈进。而不是把目光仅仅局限在自己班级里，应该在更广阔的天地中畅游，使他们逐步成为一个真正优秀的人才。

（三）开展团队合作教育

《学记》曰："独学而无友，则孤陋而寡闻"。从心理发展阶段来看，高中生正处于由儿童期向青少年期过渡的阶段，渴望与他人交往，并以此获得归属感。因此，在课堂教学中或是在综合实践活动中，班主任教师应该注意引导学优生积极参加到团队合作、小组合作学习中。小组合作学习不但在改善课堂心理气氛，大幅度提高学生的学业成绩，促进学生非智力品质的良好发展等方面实效显著，而且有利于摆脱学优生单兵作战的弊端，形成相互交流与帮助，合作共进的氛围。同时，班主任也要认识到学优生的培养不是一朝一夕的事情，更不是一两个教师的功劳，而是各科教师甚至是全体教职员工共同协作的结果，因此，班主任应该协调各方、顾全大局，从学优生的全面发展出发多多交流合作。

（四）开展挫折教育

挫折是人们在从事有目的的活动受到阻碍时所体现的一种情绪体验。在学习过程中有些学优生由于受到年龄、经历、学识等的影响，往往会产生一些不应当有的错误，比如粗心大意、骄傲自满等。在这种情况下，人为地设置一些挫折让其遭受打击是非常有必要的。特别是当优等生在毫无准备的情况下出现心理挫折的时候，教师，尤其是班主任应给其以真诚的鼓励，帮助他们认真分析心理受挫的原因，积极面对挫折和考验，使他们保持心理平衡，保持乐观心态，引导他们跌倒了再爬起来，继续前进。相反，如果优等生在某些方面遇到了暂时的挫折和失败，教师不去为他们创造、提供良好的补偿机遇，他们也许就会一蹶不振，这无异于在扼杀他们的智慧。此外，班主任教师也要主动开展挫折教育，使他们认识到挫折教育能够使他们经历雨打风吹，劳其筋骨，饿其体肤，苦其心志，促其全面发展。进而从实践中真正悟到"在科学的道路上，没有平坦的大道，只有不畏艰险，沿着陡峭的山崖勇敢攀登的人才有希望到达光辉的顶点"的深刻含义。

（五）严慈相济，辩证管理

在班级管理中，个别班主任由于"晕轮效应"对一些学优生的表扬、批

评缺乏辩证法，存在"偏爱之心"。当学优生犯有错误的时候也不公开批评，往往采取大事化小、小事化了的态度，生怕会影响他们的学习成绩。实际上，班主任要正确地处理管理和教育中严与爱的关系。正如颜之推所说："虽欲以厚之，更所以祸之。"为了不将"厚爱"变成"祸害"，教师应理智地对待"学优生"，关心他们，但又不是一味地娇纵他们，对优秀生的管理和教育要从有利于健康成长出发，对他们严得合理、爱得真诚。不能把学习成绩的高低作为评价学生优劣的唯一标准，特别是班主任老师更应该树立正确的教育观、学生观。一切以学生发展为本，把爱的雨露洒向每一位学生，做到严而有方，严慈相济，使他们都能在自己原有的基础上不断进步，真正成为德智体美全面发展的栋梁之材。

（六）开展心理咨询与调适

学优生在学习过程中难免会遇到一些难以解决的困难，可能有些事情是他们不希望别人知道的，或者是班主任知道又不能帮助他们解决的，这时班主任可以通过以下几种途径来帮助学优生来解决：一是可以每周安排一节心理健康教育课，从不同角度引导学生正确对待学习和生活中遇到的各种困难，以提高他们的预防心理；二是可以通过鼓励学生制作心理板报、写心情日记等渠道为学生排忧解难，尤其每当在参加大型考试之前一定要教育他们正确对待考试，做好心理按摩；三是还可以介绍他们求助于校内外的心理咨询教师，通过专业人士的沟通和疏导，帮助遭受挫折的学生进行心理宣泄，教会正确认识挫折和掌握相关的调节策略。只有这样，才能使学优生做到顺境不迷失、逆境不颓废。

（七）遵循教育教学规律

班主任在班级管理上可能存在着一些误区，诸如认为学优生在成绩上很优秀，在其他方面也是同样优秀的，学习态度正确、学习方法得当、学习习惯科学。因此，在教育教学过程中就出现了"晕轮效应"，违背了一些教育教学的规律。可能出现的情况有：一是拔苗助长。知识的理解、技能的形成、情感态度和价值观的养成是一个循序渐进过程，虽然学优生在学习上接受能力强，思维活跃、理解和掌握速度快，但是我们也不能盲目抢进度、拔高度。二是忽视基础知识。对于学优生来说虽然成绩优越，但这并不代表着他们的基础知识是绝对没问题的，再加之学优生的轻视，常常导致出现一些低级的错误，所以班主任应该经常督促他们夯实基础，树立脚踏实地的精神，要知道"一屋不扫，何以扫天下"寓意。三是重智轻德。学优生的知情意行等品质都很好，但如果他们缺乏正确的学习动机、树立"唯分数论"的理想信念话，就很容易陷入重智轻德的家庭教育、学校教育的误区。四是忽视创新能力培养。在应试教育评价机制的影响下，我们有些班主任只关注学生的学业成绩而忽视对学生创新能力的培养，我们应该鼓励学生多元发展，鼓励他们质疑、反思，培养他们的创造力和求异思维，引导他们做知识的发现者、探索者，而不只是做知识的"贮藏者"。

通过实施以上这些措施，我们相信学优生身上存在的一些问题一定会解决，他们的发展也会百尺竿头更进一步。

【知识链接】

1. 何谓情商？情商（EQ）又称情绪智力，是近年来心理学家们提出的与智力和智商相对应的概念。它主要是指人在情绪、情感、意志、耐受挫折等方面的品质。心理学家们普遍认为，情商水平的高低对一个人能否取得成功也有着重大的影响作用，有时其作用甚至要超过智力水平，俗话说"性格决定命运"，说到底是"情商决定命运"。

2. 晕轮效应（The Halo Effect），又称"光环效应"，属于心理学范畴，晕

中学班主任与学生有效沟通的技巧

轮效应指人们对他人的认知判断首先是根据个人的好恶得出的,然后再从这个判断推论出认知对象的其他品质的现象。

3. 成功名言

(1) 每一个成功者都有一个开始。勇于开始,才能找到成功的路。

(2) 世界会向那些有目标和远见的人让路。

(3) 自己打败自己的远远多于比别人打败的。

(4) 人之所以能,是相信能。

(5) 旁观者的姓名永远爬不到比赛的计分板上。

(6) 积极思考造成积极人生,消极思考造成消极人生。

(7) 行动是成功的阶梯,行动越多,登得越高。

(8) 莫找借口失败,只找理由成功。

(9) 伟人之所以伟大,是因为他与别人共处逆境时,别人失去了信心,他却下决心实现自己的目标。

(10) 世上没有绝望的处境,只有对处境绝望的人。

(11) 坚韧是成功的一大要素,只要在门上敲得够久、够大声,终会把人唤醒的。

(12) 每一发奋努力的背后,必有加倍的赏赐。

(13) 挫折其实就是迈向成功所应缴的学费。

(14) 不要等待机会,而要创造机会。

(15) 成功的法则极为简单,但简单并不代表容易。

三、引领学困生走出学习困境，体会"学会"的快乐

长期以来，如何引导"学困生"认识学习的重要性，并帮助他们走出学习的困境，体会"学会"的快乐，都是让一线教师最困扰的问题。想要寻求解决这一问题的方法，我们需要明确以下几个问题：

（一）哪些学生属于"学困生"

"学困生"，顾名思义是"学习上存在困难的学生"的简称。但"学困生"只是指那些学习智力正常，由于非智力因素造成学习困难的学生，如学习上没兴趣，基础比较差，在行为习惯和学习方法上有明显缺陷，失去学习信心等。只要有人的地方就存在差异，只要有学生的地方就存在层次的差别，无论在哪个国家或地区，哪类、哪级学校中都相对地存在着好、中、差三层次的学生群体，其中学习成绩最差的一部分就是我们经常提到的"学困生"。

（二）"学困生"有哪些具体表现

有的研究者根据"学困生"的具体表现将其分为情感障碍型、动力障碍型和方法障碍型等。无论怎样分类，和一般学生相比，"学困生"一般表现为以下几个特点：缺乏学习兴趣，讨厌甚至厌恶学习；学习习惯不良，认识和理解能力较低，学习成绩较差；学习态度不认真，自由散漫，缺乏持之以恒的精神；学习目标不明确，对自己和学习的目的认识清晰；情感起伏不定，逞能好强，冲动暴力；极易受诱惑，讲究哥们义气，常做出一些傻事；由于缺少自信而胆怯和自卑，表现为叛逆心理较强，对老师和家长的话缺少信服，冷漠固执，我行我素。

（三）造成"学困生"学习困难的因素

造成"学困生"学习困难的因素很多，综合"学困生"的学习习惯、生活

习惯、家庭背景、成长环境、心理因素等问题进行分析，才能客观地寻求其原因。

1. 家庭原因

我们常说"父母"是孩子最好的老师，在孩子的成长过程中，父母的言行举止直接影响着孩子的健康成长，父母的积极引导和表率作用是孩子成长、成功最坚实的基础。但在孩子的实际成长和教育过程中，有的家长没有担负起教育子女的责任，对孩子的思想和学习关心较少，甚至很多家长根本不过问子女的思想和学习情况；有的家长过分溺爱子女，对子女要求不严，引导和督促不利；有的家长以简单、粗暴的方式对待孩子，严重挫伤了孩子的自尊心和学习的自信心，致使孩子叛逆心理强，逆反情绪严重，甚至成为家长的对立面；有的家庭父母离异，父母双方都没有尽到教育和引导孩子的义务，学生得不到来自家庭的关注和鼓励，孩子心灵蒙受创伤，在学习和行为上表现出一系列的问题。

2. 社会原因

学生受到社会不良风气的影响，沾染上一些不良习气。如吸烟、喝酒、赌博、聚众打架或去网吧玩网络游戏，有的学生甚至沉迷于网络游戏而不能自拔。

3. 教育体制本身存在的原因

学校教育目前的评价机制，导致学校对学生进行成绩排名、分类，导致学生学习压力较大；部分缺少耐心和师德的教师对"学困生"的讽刺与挖苦，致使学生丧失了学习的信心；个别教师教育方式简单、粗暴，对"学困生"实施冷暴力，导致"学困生"自暴自弃；班级授课制中班额一般比较大，教师精力有限，不可能对每个学生都关心备至、细致入微，因而很难实现因材施教，不能根据每个学生的特点设计教学进度和教学内容。

4. 学生自身的原因

学生没有明确的学习目标，端正的学习态度，持之以恒的学习精神和恰当的学习方法，不愿吃苦，不愿付出，缺乏自觉性和自主意识，没有养成良好的学习习惯，没有打下坚实的学习基础。

除此之外，生理因素和性格因素也是"学困生"心理障碍产生的主要原因。"学困生"比一般学生对待事情的态度要消极，情绪更容易激动，看问题有时较片面和极端，对自己往往缺少正确的认识与评价，看不到自己的长处，也很难正视自己的缺点，遇到问题不愿与他人沟通，逞强好胜，虚荣心强，但是又不愿意付出实际的努力，总感觉心理抑郁，以至产生心理障碍。

四、帮助学生走出学习困境，体会学会的快乐

"学困生"在学习上所面对的困难不是一日造成的，学习习惯的培养也绝非一日之功，想从根本上使他们发生转变，体会学习的快乐就要从多方面入手。

1. 尊重学生

在工作中，我们每个人的付出都希望得到身边的领导和同事的认可和赞许。很多时候，无论是为了集体的利益还是个人的荣誉，我们都愿意努力付出，争取最令人满意的结果。但是事情并不总是像我们预期的那样顺利，有时候即使我们没达到预期的目标或者是失败了，但是只要我们的领导或者是我们的同事能对我们的付出表示认可，或者哪怕是一个理解的眼神，都能让我们心里舒服好一阵子，并且在下次的工作中努力付出，以弥补自己上一次的过失。有的时候，我们经过自己的努力实现了预期的目标，这个时候我们特别渴望领导或者身边的人能注意到我们的付出，哪怕一句简单的

鼓励的话语或者是赞许的眼神都能让我们为之温暖。但如果身边的人对我们的付出熟视无睹，那我们在下次的工作中可能就没这么有激情，更不会那么卖力了。

孟子曰："爱人者，人恒爱之；敬人者，人恒敬之。"就像成年人需要得到尊重、认可和鼓励一样，"学困生"由于各种因素而导致了成绩差，但是他们也有进取心、自尊心，在学习和生活中，他们同样需要老师、家长和同学的认可和鼓励。

"学困生"和"学优生"最大的不同是他们从小到大已经听惯了家长的训斥和老师的批评，已经习惯了家长和老师们对他们的不尊重。但是，老师要想实现和这类学生心灵上的沟通，最根本的问题还是要寻找回师生间的已经丢失了很久的尊重。

尊重学生，首先要正视学生目前的状态，尊重学生的目前的习惯。"学困生"在学习成绩和学习习惯上形成的落后不是一天两天形成的，所以也不可能在短时间内发生根本的转变。所有负责任的老师都不会放弃班级里的任何一个"学困生"，并且每一个人都曾经试图用各种办法努力改变他们目前的状态，但是最终都无功而返。究其原因主要有两点，一是老师求成心切，二是不能正视学生目前的成绩和状态。"学困生"的现实就是基础薄弱，成绩不良，只要他们在努力，哪怕不进步，老师也要肯定学生的努力。只要学生进步了，老师就要及时地给予肯定、鼓励，增强学生的自信。在课堂上，即使学生只是回答了最简单不过的问题，但是他抬头听课了，并且愿意和老师交流，那么老师就该让学生体会到学习的快乐，学会的快乐。别人背了一篇文章，"学困生"虽然只背了一句话，但是他在以前的基础上他进步了，他今天收获了一句话，老师应该给予认可，让学生看到只要自己在努力，只要自己在付出，哪怕一个小小的细节都能引起老师的关注和赞许。学习最终的不是结果，而是在这个过程中收获了付出后的喜悦。

我在和我们班的学生的交流中主要把握了几个方面。首先是注重自己的语言。教师无论是在传授知识还是和学生进行心灵沟通时，最主要的媒介就是语言。而语言作为人类最基本的交际工具最简单，也最微妙，教师的语言能吸引学生的兴趣，起到教育学生的作用，也能伤害学生，让学生产生逆反或厌恶心理而讨厌老师，讨厌学习。

从小到大，老师最常挂在嘴边的就是"闭嘴"、"把嘴闭上"，这两句话就像一本永远不变的教科书，和学生如影随形。作为一线教师，我们在组织课堂纪律时最简单、最直接的话语就是这两句话，简洁、明了。但是我们却很少有人去关注这两句的真正效果。在嘈杂的课堂上，无论老师喊几次"闭嘴"，都起不到让学生安静下来的作用，有些学生因为顾忌老师动怒的后果而停止讲话，有些学生则用继续聊天的方式进行着反抗。在我的课堂上，我几乎从来不说这两个词，每当有学生在下面私聊影响到课堂秩序的时候，我尽量用不同的形式实现和学生的沟通。比如盯着说话的学生看，走到他面前，用手轻轻地拍拍他的肩膀，指指书上所讲知识的位置或者干脆停下讲课进程，让同学们环视教室，放松放松眼球。我发现，多种肢体语言和情感上的传达更能让学生安静下来。

中学阶段的学生，无论在哪个班级，都有几个最让老师头疼的学生。这样的学生如果是男生，那么老师面临的问题还没那么头疼，男生调皮、逆反，不听劝告，但是总能找到他的要害而层层击破。如果这样的学生是女生，那么老师就更纠结了。高中的时候，我们班有部分女孩，从来不学习不说，经常聚众吸烟、喝酒、谈恋爱甚至是聚众打架。班主任老师在管理这些女生时非常严厉。那时印象最深的就是班主任老师的"每周一骂"，骂的

时间很长，基本在一节课到两节课之间，但核心词语只有一个"不要脸"。虽然班主任老师从来不骂我，但是每每听到老师的核心词语时，我身上的鸡皮疙瘩就像雨后的春笋一样从皮肤表面迅速隆起，并伴随着老师的责骂声不断生长、生长。好多次，我偷偷地观察那些"被骂"的表情都惊讶地发现，她们脸上并没有难堪，没有自责，更没有愧疚。相反，她们脸上却挂着我不能理解的诡秘的微笑，那微笑是不屑，是嘲讽，但却从来没有羞涩。从小到大，我最不喜欢我们班主任老师常挂在嘴边的那个核心词语，所以即使责骂与我毫不相干，即使我对那群女生根本没有同情，但班主任老师的"每周一骂"仍然让我痛苦不堪。

我班有个特别的女生，上课时，无论老师在课堂上谈到哪些扩展性的话题，她都会坐在自己的座位上尖叫或者呼喊，表示对老师的认同，同时吸引别人的注意；下课时，无论我班的男孩在哪里，无论男孩在干什么，她都会迅速挤到男孩中间，抓住男孩的胳膊或靠在男孩的肩膀上展示自己的温柔；有时走在路上，她会突然间跳到男孩的背上，双手抱住男孩的脖子要求对方背她。对于这个学生，学校找过家长，更找过本人，但是她的行为却只有放纵而没有收敛，老师们义愤填膺却依然不能放弃对学生的教育。她也许是指导老师们是不喜欢她的，所以她在老师面前不但无所顾忌，而且会更加放纵，似乎是在用这种方式来惩罚老师对她的轻视。在我的课堂上，我几次被她气得差点骂人，但还是压住了自己的怒气，努力寻求从根本上转化她的方法。一次，在我讲课时，她在我眼皮底下把手放到了男孩的后背上摩挲，我慢慢地走到她面前，拍了那个男孩一下说："不给他挠后背，他也没给钱啊！给我挠两下，老师晚上请你吃饭。"女孩自然地收回了手，晚上我找她一起吃了顿简单的晚餐。经历过这件事，她不在我的课堂上做那些让我看了难受的动作了，但是之后的一段时间内，她经常在我的课堂上睡觉，上课也不接话，也不抢话了。这是一个好的转变，虽然她不学习，但是不良影响变小了。我走到她面前，轻轻将她叫起，问最近是不是有什么心事，为什么不快乐了，她说没事就是困，我接着当着全班的面表示她最近温柔了，看来是要走转变路线了，她笑而未答。在以后的课堂中，只要她抬头听课了，或者只要她举手了，我都会选择最简单的问题让她回答并给予肯定。现在，在我的课堂上，她不再是那个让我脸红，让同学难堪的学生了。她懂得了羞涩，也对我有了起码的尊重。

教师的语言是一把双刃剑，可以把学生拉近，也可以把学生推远。老师们在讲每一句话之前都要想好话出口后的后果，并且愿意为自己的话语承担责任。老师伤不起，我们的学生也伤不起。

2. 注重细节

每一个学生都是一个独特的个体，每一个"学困生"也都有自己的个性，老师只有结合每个学生的实际情况，具体问题具体分析，注重细节、对症下药，才能集中优势力量，逐个感化、各个击破。

教育是个长期的工程，更是个浩大的工程，在这个工程中，每一个细小的问题都关系到整个工程的成败。在平时的教学中，很多老师由于课堂节奏紧张，不忍心因为一个人的错误而影响到全班的教学进行，就习惯性地用粉笔打学生以达到提醒学生的目的。我认为，老师这样做的初衷肯定不是侮辱学生，但是我们不能保证每个老师每次出手都能命中学生身体，如果某次打到学生的脸上或者是眼睛上，这对学生来说是一件非常没面子的事情，产生与老师反抗的情绪或者是与老师发生冲突都是在所难免的。即使老师真的百发百中，这种行为作为人与人之间的一种交流方式也是不礼貌的。所以我坚决不在自己的课堂上犯这种细节上的错误。

此外，有的老师在学生影响课堂纪律时会采取将学生赶出课堂或让学生起立听课的这种方式。其实，老师为了大多数学生的利益而让始作俑者受到相应的惩罚无可厚非。但是，在课堂中受教育是学生的最基本的权利，无论他自己是否珍惜这种权利，作为教育者的教师都不应该剥夺学生的这种权利。在我们班，也有个别的男孩非常调皮，上课说话、疯闹并且屡教不改，很多次为了保证正常的上课纪律，我都想将他们赶出课堂，在走廊中反省自己的过失，但是我都强忍住自己的怒气，用一句比较幽默的他们又能接受的话语来提醒他们要保证课堂纪律。比如，一个学生一直在喋喋不休地讲话，我就请他起立为全班同学唱首潘玮伯的歌或者表演段单口相声，学生愿意的话矛盾自然化解，不愿意的话也会知难而退，有所收敛。再比如，有的学生在课堂上发生矛盾，影响了正常的讲课进程，如果老师此刻停下来给这两个学生处理矛盾争端，那么对其他的学生肯定是不公平的，如果老师置之不理，那么二人的矛盾就会升级，影响课堂秩序。有的时候男孩在课堂上斗嘴或者发生矛盾争端，我就会走到学生面前，对相对弱势的一方说"孩子，你别着急！下课你把他抓住，咱俩肯定能打过他。"这样，受委屈的学生明白了老师的立场，跋扈的一方也在玩笑中化解了怒气。

3. 持之以恒

"学困生"的教育和转化一直以来都是困扰着教师们的大难题，每个工作在教育第一线的教师都曾经或正在为学困生的转化和教育做着努力，但是这种努力之所以收效甚微的最主要的原因，就是我们目前的教育体制或者说大班额的班级授课制度让老师们没有时间也没有精力做到持之以恒。但无论现实存在着怎样的困难，要想让自己曾经和现在的付出不付诸东流，老师们在"学困生"的教育和转化问题上必须做到持之以恒、见缝插针。

作为教师，爱每一位学生，是做好教学工作的根本，也是能持之以恒的前提。老师可以在事实上将学生分为三六九等，但在思想上一定要做到一视同仁。每一个学困生的心中都有阴影，或是老师的批评，同学的嘲笑，或是家长的失望。学生心中的这种阴影的形成不是一日之过，老师想驱散这些阴霾也绝非一日之功。一次又一次的坚持，一次又一次的春风化雨的抚慰才能真正打动学生的心灵，驱走他们心中的阴霾，重拾信心。很多时候老师们不能坚持是因为我们希望自己的努力能得到回报，我们希望付出能够立竿见影，而这种回报就是学生的改变。教育是个长久的工程，学生在过去十几年中形成的思维方式和行为习惯绝对不是老师在一年甚至在几年的时间里能彻底改变的，老师想改变学生，还要有耐心。古语有云：精诚所至，金石为开。如果一次、两次，便失去耐性，学生也会受到伤害，好不容易恢复的信心就会瞬间瓦解。要不厌其烦地去讲解、去开导，才会使工作有所进展。古有道生法师讲佛，能让顽石点头，今日我们又何惧血肉之躯？除此之外，还要细心留意他们的一举一动，根据学生每时每事的变化，见缝插针，及时教育，才能适时帮助他们或为他们敲敲警钟，勒勒紧箍咒，避免以往的努力功亏一篑。

我经常跟学生讲"如果你是一块冰块，那么我是一团小小的烛光，我会一点一点将你融化；如果你是一坨冰块，我还是一团小小的烛光，哪怕之融化你的一角，我就算成功；如果你是一座冰山，我还是一团小小的烛光，即使只能融化你的亿万分之一，但是也要证明我的存在。只要我存在你的学习和生活中，我就不信，我感化不了你！"

转化学困生是一个长期而艰巨的任务，一定要落到实处，而不是"点到为止"；一定要持之以恒，而不能半途而废。无论对一个教师、对一个学

校,还是对一个民族来说,"学困生"的转化都是至关重要的,是难点,也是重点。让我们大家都来关心"学困生",帮助学生走出困境,体会学会的快乐吧。

下篇

与家长沟通的技巧

第一章　换位思考，将心比心

第一节　用敬业与爱心赢得家长的信任

【导语】

世界上最值得珍惜的，莫过于人心。而站在他人立场上换位思考，拿人心当自心、将心比心，更显得弥足珍贵，会给人以温暖和力量。作为合作体的家长和班主任之间，需要思考如何在合作中实现共赢，增强教育的力量，让孩子在理解、信任、关爱中健康成长。

友情提示：中学班主任，在与家长沟通的过程中，切记互相体谅温暖，有"为"有"慰"；切忌互相指责埋怨，滋生事端。

一、爱心能促进我们共同的成长

在今天的社会生活中，常常听到有人感慨人与人相处很困难，其实我觉得很多时候是自身没有拿出真诚与信任，或者彼此缺乏理解和沟通，进而导致设防、猜疑，没有形成一份合力。班主任老师与家长相处也是如此。

为了使培养对象——学生，最大限度地获得发展，需要班主任老师不懈努力，获得家长的信任，使教育教学在学校和家长的共同努力下取得最佳效果。

十几年的班主任工作中，我每天很早到校，为学生开窗通风，提示学生如何高效利用时间，为学生解答疑难问题，和学生一起早自习；没有课的时候经常进行课堂观察，有记录、有建议、有奖惩、有反馈、有追踪观察；课间经常下班，给学生一些关注与关心，送上热切的眼神和各种温馨提示；没有晚课的时候，也要等学生下课后一切就绪方才安心下班。如此总总，常年坚持下来，给学生很多的规范、引领、支持和温暖。同时，最重要的是我的付出，我的这份敬业精神、这份对学生无私的爱心，获得了广大家长的认同与尊重，他们带着对班主任老师的无比信任，带着对孩子美好未来的无限憧憬，全力地协助学校做孩子的心理调节师、做学校和班级各项工作的宣传员。

【经典链接】

1．对于我来说，生命的意义在于设身处地替人着想，忧他人之忧，乐他人之乐——爱因斯坦

2．爱之花开放的地方，生命便能欣欣向荣。——梵高

3．爱是不会老的，它留着的是永恒的火焰与不灭的光辉，世界的存在，就以它为养料。——左拉

4．严，是一种更深沉的爱。让我们带着梦想，与阳光的学生们共同成长！——作者悟语

二、敬业是一种无形的力量

在班级管理方面，班主任必须注重与家长的沟通，时刻把学生的发展、把家长的诉求放在第一位，利用各种契机，向家长传达学校的育人设想和各项具体工作，帮助家长抓住孩子成长的几个关键点和转折点，做好家长的参谋，共同建设互帮、互信的"协助共同体"。

1. 把好"入门关"——良好的开始等于成功的一半

在孩子刚刚进入高一的时候，为了让孩子和家长更好地适应新课程从知识立意向能力立意、从客观立意向主观立意的转变，帮助孩子顺利地完成从初中到高中的过渡，班主任必须向家长全面说明学校教学模式的变化，即实施了《导学纲要》、五步导学模式、五步集备模式、观察引领模式共同组成的"一纲三模"的导学模式。让家长感受到在导学思想的引领下，学校变教学为导学、变被动为主动、变讲堂为学堂、变接受为建构、变学会为会学、变高耗为高效，体现了对学生的人文关怀，极大地激发了学生的自我学习潜能，促进了学生的自主知识建构，为适应学习型社会、为学生的终身发展奠定了良好的基础。有了家长对教学模式的认同，就为学生下一步的学习奠定了思想感情基础。同时，班主任也要给家长一些具体的建议，鼓励家长积极思考，关爱、观察、关注孩子，付出爱心、耐心、信心，因为教育好孩子是终身需要研究的课题。

在孩子进入高中的入门阶段，班主任老师特别要给家长两方面的提示：

（1）加强学习，掌握子女健康成长方法

家长要想改变孩子，要先从改变自己开始——问题家庭教育可能导致问题孩子。遇到孩子成长中的情况，请多一些关心、多一些思考、多一些温馨提示、多一些有效措施，简单粗暴不但不利于子女的教育，反而可能产生负效果。有的家长特别善于把握教育尺度，对孩子喜爱不溺爱、宽容不纵容、相信不偏信、指导不误导，亲子关系特别和谐，孩子的身心特别健康，学习与发展相得益彰。请家长找到适合你孩子的有效教育方法。

（2）家校联手，帮助孩子顺利实现过渡

家长和老师帮助孩子顺利实现初高中过渡的关键是信赖、配合、自主、严谨。信赖，相信学校、相信老师、相信自己所在的团队，为学习生活奠定情感基础；配合，今天是合作的时代，一定要配合好所在的学习小组、所在班级，群策群力，为长远发展寻找力量源泉；自主，有学习目标和任务，有人生规划和蓝图，有自我控制能力，为终身学习提高思想意识；严谨，对学习一定要"求甚解"，严格落实学习计划，看问题全面、客观、辩证，为卓越人生造就思维品质。

家长们一定要树立这样的信念：只要孩子想学、会学、坚持学，我们的教育就成功了。

2. 打好"攻坚战"——千淘万漉虽辛苦，吹尽狂沙始到金

熟悉高中教育的家长都知道，高二是高中管理难度最大的年级。因为高二的学生往往会有如下表现。第一，心理问题增多。高一的学生有新鲜感，高三的学生有高考的压力。高二的学生，既没有高一时的雄心壮志，也没有面临高考的紧迫感；因此，高二是一个容易出现动荡和茫然的时期。当然，有的学生会保持自己优秀的学习和生活品质，有的学生会醒悟，奋起直追。但仍有不少学生会出现倦怠、厌学、焦虑等现象，心理波动大，甚至会出现心理问题。第二，成绩差距拉大。经过高一一年的学习，学生在知识掌握程度上已经比较明显地分出层次，优秀生因成功而获得自信，学习兴趣

161

浓厚；学习困难的学生屡遭挫折，产生灰心、自卑甚至害怕的心理；中等水平的学生，一部分坚持不懈，一部分目标模糊。因此容易拉大差距。第三，偏科现象明显。有的学生原本就有弱科，历经高一一年，深知弱科对总成绩的影响，虽下了很多功夫但收效甚微。进入高二，学习上的漏洞累积更多，开始出现畏难情绪，容易导致弱科更弱。第四，早恋现象增多。高二是高中阶段恋爱发生率最高时期。同学之间已经熟悉，异性交往变得频繁，高考的距离似乎还远，学习目标有些茫然，加之生理发育走向成熟，他们企盼获得被珍惜、关爱的感觉，向往浪漫的爱情，因而会模仿成人谈恋爱。但关系处理起来容易产生纠葛，导致精力投入很多、情绪波动很大，影响学习，甚至成绩会大幅下滑。第五，叛逆思想加重。经过小学、初中和高一的积累，有一些学习体会，有一些自己的观点，有的开始叛逆老师、叛逆家长。不按老师要求学习，不服家长管教。

因此，高二是高中学生的疲劳期和困难期，也是分化期和转折期。目前学生的学习及心理状态可归结为七种类型，针对每种类型的不同特点，班主任老师可以给家长一些简单的措施建议。

类型一：稳定成熟型。具体表现：已摸索出一套适合自己的学习方法，思想成熟，动力强劲，基础很好，学习习惯好、基本功扎实，能跟住老师，学得认真、学得踏实，学点会点，学得轻松，学习效果显著，学习成绩稳定。建议措施：这类学生是老师和家长放心的群体，只要帮助其树立目标，经常提醒，避免偏科就可以。

类型二：缺少计划瞎忙型。具体表现：有强烈学习意识，也很努力，但没有什么学习方法，学习跟着感觉走，头痛医头，脚痛医脚，整天忙碌，效果不佳。出现了"天道不酬勤"、"功夫也负努力人"的情况，影响了学生学习的热情，这类学生在平行班比较多，女同学居多，主要是没有很好地适应高中的学习。建议措施：对这类学生应加强学习方法的指导，不断鼓励，帮助他学会制订计划，从而提高学习效率。只有其学习能力有实质性提高，才能切实提高其学习的质量。如果调教好了，这些学生是未来的希望，也是提高整体升学率的重要群体。

类型三：兴趣偏科型。具体表现：学习努力，有一定学习目标，但学习仅凭兴趣，偏科现象严重，对缺乏兴趣的学科，学习的时间没有保障，练习不及时，积累问题越来越多，形成恶性循环，甚至有放弃的感觉，影响总体成绩的提高。这种情况在尖子生身上有体现，在普通学生身上就更为普遍。建议措施：对这类学生应加强教育，明确偏科的危害和后果，提高认识，改变对薄弱学科的学习态度，及时发现问题，及时跟踪辅导，如果坚持不懈，会有明显效果。

类型四：缺少长劲波动型。具体表现：这类学生有些是由于基础不好，干学不见效，失去信心；有些是基础不错，但毅力不强，动力不足，目标不够明确，出现学习劲头的波动，或出现厌学情绪，考试后受到刺激努力一阵子，遇到困难放松学习，这些学生的心理是矛盾的、痛苦的。建议措施：对前者指导，鼓励是重点，对于后者，严格要求是关键，家长要经常与老师取得联系，齐抓共管，长时间坚持会有成效。

类型五：知识"欠账"学习吃力型。具体表现：想学，也学，但因基础差，知识欠账多，学得吃力，学不明白，学的没有太大成效，影响学习的积极性，产生畏难和急躁情绪，属于急需帮助、转化的群体，也是需要稳定的群体，如果补救工作不及时，这些学生会由想学变为不学，甚至放弃。建议措施：这类学生需要老师和家长的不断鼓励，使其坚持，可以通过家长请家教补课等途径，及时补上欠账，再通过高三的系统复习也会有一部分学生的学习成绩提高上来。

中学班主任与学生有效沟通的技巧

类型六：不学放弃型。具体表现：基础差，家教松，家长要求低，孩子没目标，学习跟不上，兴趣转移到对网络游戏、各种小说、手机短信、聊天、早恋上，存在很大的安全隐患，是未来关注的重点。建议措施：对于这些学生主要是明确要求，严格管理，同时家长和学校要经常取得联系，发现问题及时沟通，让家长知道孩子在校的真实表现，齐抓共管。家长、学校、老师都要本着不抛弃、不放弃的理念，多关心、温暖孩子，帮助孩子树立信心。

类型七：心态不好偏激型。具体表现：心理有"一些问题"，行为不合群，性格内向，学习或交往中出现问题矛盾时往往认识偏激，严重者会出走或产生轻生念头。是发生恶性事件的源头和隐患，值得所有家长、老师高度注意。具体建议：注意教育方法，亲子、师生加强沟通，多与他们交流，打开他们的心结，让孩子感受到我们的理解、尊重，感受到交往的快乐，学会求助，逐步解决问题。

面对孩子高二阶段这样一个特殊的承上启下时期，家长必须保持克制，平心静气面对孩子成长中出现的和可能出现的种种情况和问题，具体给家长如下建议：

（1）要正确对待成绩

无论成绩高低，不要过多责怪。孩子批评的话听多了，就会更加自卑，愈加叛逆。要引导孩子，胜不骄，败不馁。只要有进步，就应当鼓励；即使退步，也要宽容，帮其分析原因，允许改正，给他机会，让孩子感受到他不是单兵作战，他遇到的困难是全家的困难，全家人会形成合力共同面对。这个时候最需要家长、老师和学生一道客观地分析学生情况，激励孩子找到解决问题的方法，活在希望中，让孩子相信明天比今天精彩、后天可能比明天灿烂。

（2）要合理定位目标

作为班主任老师，我们非常能够理解一些家长的心情，把孩子送到示范性高中来，就是为了上一个好大学。但是，近两年的学习，孩子的成绩变化不大，家长就要根据孩子目前的具体情况，调整预期目标。孩子还小，将来变化很大，机会还有很多。孩子可以输在起跑线上，但我们要努力不让孩子输在终点线上。我们真诚地希望学生们健康、快乐、文明、自律、上进，踏踏实实做人、勤勤恳恳做事，为一年以后的高考更为漫长美好的人生之路奠基。

（3）要提前进入高三状态

不管怎样，孩子今天的学习是为了明天的发展打下基础，目前各科学习内容接近尾声，有的已经进入一轮复习，老师、学生和家长的思想、行为要提前进入高三状态。基础尽量要打扎实，尽快明确目标，让自己紧张起来。认认真真分析每一门功课，努力寻找增长点，合理安排好学习计划，正确对待影响学习的一些偏好和不良习惯。事实上，学生们再有一年零半个月就要进入高考考场了，到底应当以一个什么样的姿态进入高三，这是学生、家长、老师现在必须思考的一个重要问题。我希望家长听到、遇到事情要克制，理性地面对，全面地分析，有想法可以向班主任、年级甚至学校正面反映，加强信息沟通，争取对问题最优化处理。亲其师才能信其道！为了增进孩子与科任老师的感情、增加彼此的理解与信任，共同营造和谐的学习和生活氛围，一次家长与科任老师的联席会议上，我讲到"面对即将到来的高三，我们全体老师的共识是，高三关系着学生的终身发展、关系着家庭的幸福指数，我们老师必须要付出、要牺牲，为了共同的目标，老师们可以牺牲陪伴自己家人的时间，可以牺牲辅导自己子女的精力，甚至可以牺牲自己的健康，我很感动，我相信学生和家长也一定会充满感激，请家长们用

你真挚的掌声鼓励一下我们所有的任课老师好吗? 我代表老师们谢谢大家的理解和支持, 谢谢家长们。我们的老师也会竭尽所能, 激发、引领学生朝着一个又一个的新目标进军。我们互相配合、互相搭台, 激励我们的孩子拼在高三, 赢在未来。"长久真挚的掌声让我们的眼睛湿湿的, 鼻子酸酸的, 心里暖暖的, 这就是感动的力量!

【经典链接】

1. 知之者不如好之者, 好之者不如乐之者。——《论语》

2. 只有家长好好学习, 孩子才能天天向上。——李镇西

3. 世界上最伟大的事情, 莫过于平凡日子的坚守。——作者悟语

第二节　用事实赢得家长的理解

【导语】

正是学生的点滴成长与变化、学校的优异高考成绩、学生的多元化和全方位发展、学生毕业后对母校的眷恋与褒奖, 班主任老师的默默工作赢得了家长的理解, 使我们的教育同盟军不断壮大。

提示: 教育来不得半点虚假, 需要班主任老师的踏实工作、勤奋耕耘; 事实胜于雄辩, 成绩面前会有家长们理解的掌声、真心的感谢。

一、学校喜人成绩赢得家长青睐

身处一所具有九十年办学历史的春城老牌名校，辉煌的历史自不必提，近些年的高考也是佳绩频传，毕业生升入北京大学、清华大学、中国人民大学、中国科技大学等知名学府的上百人，特别是2011年的高考，我校中考和高考对比，学生的提高率全市第一名。其中文科重点率30.5%，二本率70.5%，位列长春市直属学校第一名；理科重点率29.8%，二本率77.1%，位列长春市直属学校第二名；文理科提高率均位列长春市直属学校第一名。这些成绩足可以给步入校门、起始年级的家长和学生们以巨大的信心，相信经过三年的精心培养和打造，我们每一届的学生拼搏三年后一定会创造更多的佳绩，实现学校"追求卓越、缔造幸福"的办学理念。

二、带班育人成果博得家长信赖

更值得欣慰的是，在学校整体发展构想和办学理念指导下，在科任教师、广大学生和家长的默默配合和努力协助下，我多年来所带几届班级学风班风正、学生人品好、集体荣誉感强、学习成绩优异、大型活动表现突出，取得了一系列的成绩，先后获得了"长春市优秀班集体"、"长春市十佳中学班集体"嘉奖，班级多名学生获得了"吉林省三好学生"、"吉林省优秀团干部"、"吉林省优秀团员"等荣誉称号，班级高考成绩多次重点率、提高率、平均分、完成指标情况第一名，学生进入理想的上级学府继续深造，我个人也先后获得了"长春市优秀班主任"、"长春市优秀共产党员标

兵"、"长春市优秀教师"等殊荣。这些成绩又给了现任家长和下任家长巨大的信心，让他们以孩子能分进我所带的班级为荣，良性互动中留下很多温馨鼓舞的画面。

新课程改革专家余文森教授曾经提出，"教师要成为真正的心理学家"，他对学生的心理了如指掌，能够真正做到想学生所想，想学生所疑，想学生所难，想学生所错，想学生所忘，想学生所乐，从而以高度娴熟的教育智慧和机智，灵活自如地出神入化地带领学生在知识的海洋中遨游，用自己的思路引导学生的思路，用自己的知识丰富学生的知识，用自己的智慧启迪学生的智慧，用自己的情感激发学生的情感，用自己的意志调节学生的意志，用自己的个性影响学生的个性，用自己的心灵呼应学生的心灵，用自己的灵魂铸造学生的灵魂，用自己的人格塑造学生的人格，实现真正的以人教人！

三、耐心细致工作获得家长垂爱

"语言的力量"、"精心的点拨"、"周到的部署"等等词语是家长在孩子高中毕业尾声阶段对我班主任工作的总结评价。而我本人也在不断地思考和筹谋，耐心细致地帮助学生和家长在最后的复习备考和填写报考志愿时期有条不紊地把事情准备好、协调好、落实好，共同收获一份美好的未来。

由于我们是寄宿制高中，为了让学生安稳地集体学习、随时答疑解惑，我们一般都是在高考前三天组织学生离校返家自由调整，为了家长和孩子都清晰这三天该做什么、能做什么，我们专门召开了考前家长会，就以下几个方面给家长和孩子以具体指导。

1. 家长到底在最后三天做些什么、不做什么

关于这个话题，家长上网搜索可以找到很多相关内容，我也给家长筛选了一些，印了一张正反面4页的《高三考前小帖士》。从我多年的具体工作体验，一句话，原来做什么现在还做什么，保持平常状态比较好，因为几天情况突变孩子可能还会很不适应反而压力增大。如果家长非要刻意改善一下、突破一下，家长可以扮演生活服务员（提醒时间、生活起居）、心理按摩师（聆听、安慰、鼓励）、人生领航员（对人生很重要，但不是唯一；一些大事必须学会面对、承受和担当）。请各位家长根据家里的具体情况去选择和判断。

2. 提醒孩子把握好《吉林省招办考前教育会》相关内容

具体内容已经下发，也对学生们进行了专门指导，这里还是要跟家长再强调一下几个细节。

备品齐全——考前一定要检查好备品，逐一核对，心理安全是高考的第一关，家长要帮助孩子再复查一下准考证原件、二代身份证、2B铅笔、橡皮、格尺、0.5黑碳素笔等考试必备物品以及矿泉水、纸巾等生活用品，踏实出门。

着装简便——入门探测，力争避免带有金属饰品或者金属物多的衣裤及腰带，探测器发出警报可能会复检，可能引起孩子情绪的变化甚至紧张、慌乱。请同学们积极配合监考老师，即使需要复查，也没什么，一定要放松心态。

把握时间——从验考场开始一定对时间有个大体估算（6月6日下午3：30验考场，按照准考证上面写的带好身份证、准考证，听好各项具体要求，估算一下出行的大致时间、路线和交通工具），打好提前量，第一科考前35分钟即可入考场，开考后15分钟禁止进入考场，外语听力开考前15分钟禁

止入场,等等;今年不允许带任何手表,考场有石英钟,这几天就让孩子训练不频繁看点但是心中有节奏。

严格检查——条形码、答题纸是否有破损,没有问题立即把条形码粘贴到答题纸上,千万别出现丢失条形码的情况;答题纸检查完毕后看好是否存在AB卡情况,避免因为横竖卡、因为漏涂、串涂尤其是选做题部分,避免低级失误。

诚信回答——不要让孩子因为作弊失去求学机会,今年各考场监控录像全国联网,而且事后发现一样惩罚,哪怕已经被大学录取了,一定让孩子特别注意,千万别得不偿失。

3. 几点温馨提示

(1)自我保护

不要暴露个人和他人信息,在南关区考点咱们学校首届一指,尤其是小班学生、文科学生在全市是很出名的,一旦别人干扰会影响自己的正常发挥。有什么情况一定第一时间联系监考、班主任、带考老师。请各班班主任老师把考点负责人、带队老师电话通知给学生,把各考点学生名单的电子版传给我,班主任每科考前一小时到达考点,带好本班学生和家长的最新联系方式、带好准考证复印件。尤其是各班通讯录一定再更新和确认一下,免得假期有的事情联系不上耽误报考和录取的大事。

(2)积极心态

详见附录《致家长的一封信》。

(3)安心备考

一直坚持才能有最后胜利,其实根据惯例,5月末学生就离校回家自由复习,没有学生在老师是省心的,但是回家孩子的生物钟、专项训练、辅导答疑等都可能出现间断、不方便甚至放松,请家长体会到我们这份心意,提醒孩子坚持到最后一刻，尤其是高考时间段必须保持答题节奏、让思维兴奋，把知识、技能结合起来。今天下午到6号验考场之前的上午，正好可以语数外综合四科再进行一轮模拟演练，掐好时间，让手热起来。

（4）填报志愿

这几年考后报考，学生知道自己全省排名再报考还是比较合理的，原来考前报考更多赌博性。一切都来得及，现在根本不需要思考，有分什么都好办。家长提醒孩子不要看招生指南之类书籍，安心复习，累了休息，高考后全家共同查询、探讨高校的事情。出分时间；高校咨询会；报考家长会等等。

（5）注意安全——饮食、出行、人身等方方面面

临别的时候，总觉得对家长和孩子们有很多话要嘱咐，衷心希望在那个"特殊时期"各位家长结合家庭和孩子的实际，营造良好的复习备考氛围，激励孩子坚持最后关头，用努力去收获梦想，出分后我们共同分享那份专属于高三学生、家长和老师的幸福。共同期待着。

【附录】

《高考前致学生和家长的一封信》

亲爱的长春市实验中学的高三同学和家长们：

首先，全校师生向所有即将圆满完成高中学业的莘莘学子，献上最诚挚的祝福。带着师长和亲朋的嘱托，有全体教职员工三年的热心服务、严格管理、高效备考，有和谐的师生关系、亲子关系，有今年全国打造阳光高考的大环境，加上全市一、二、三模我校师生取得的一个个优异成绩，2011年的6月，我们一定

可以胜利,一定能够胜利,收获青春、智慧和梦想!

借助《致家长的一封信》、《2011年全国高考吉林省招办考前教育会》内容精选,希望给同学们和家长们一些指导和提示,助推广大高三学子顺利参加高考,发挥潜能,让学习成全青春、用奋斗铸就辉煌!

【考前指导】

一、充分的考前准备

1. 找准切入点。最后阶段可以以教材、试题、核心概念、热点知识等为切入点,做好充分的准备,并就某一问题多层次、多角度、开放性设置问题,加以分析、思考,拿出科学、严谨的解答步骤。

2. 抓住采分点。万变不离其宗,最后学生一定要驾驭材料,挖掘出背后涉及的基础知识和基本技能,使用准确的学科术语加以表达,就可以稳中得胜。

3. 用好兴奋点。最后几天一定要在高考时间,即9:00-11:30,15:00-17:00做一套模拟试题,把握答题节奏,规范化训练。

二、积极的心理暗示

1. 走向考场时,心中默默地对自己说带着亲人、老师的祝福,我不孤独,我是团队作战!

2. 坐到位置上,心中默默地对自己说我是最棒的,我一定行!

3. 拿到答题纸和试卷时,心中默默地对自己说,我只要把会的答好,就没问题了!之后把全部精力集中到试卷上,仔细审题、高效答题。

4. 走出考场后,心中默默地对自己说,我又胜利了一科,经过之后的短暂休息,我又可以马上全身心投入下一科考试。

【温馨提示】

1. 提前准备好考试相关用品及生活用品,做好复查,尤其是确认好准考证、二代身份证、考试用笔、格尺、橡皮。今年省招办提出一系列具体要求，请家长和孩子认真阅读、理解，为自己高考奠定思想基础。答题卡一定注意是否分A、B卡（即横卡和竖卡），不要错涂、漏涂，选做题需要涂好题号。

2. 验考场时把握好出行路线和通行时间，一定打好提前量，按时、按要求、平安到达考点。

理科考场；文科考场。（具体情况略）

3. 不要暴露个人信息（如不要穿校服，不要透漏是哪个学校的、学习情况如何），保护好自己的考试安全，在无干扰的情况下全身心投入答卷，如遇特殊情况及时与监考和带队老师联系。

4. 考前不要吃特别的东西，尤其是过敏体质的学生；不要刻意早睡，保持住近期调整后的生物钟就没问题，即使睡不着，也不要慌张，深呼吸、平静下来，看点书，很快就会入睡了。

5. 高考前不要去考虑分数和志愿，不要看《高考指南》等相关书籍，高考后有充分的时间去思考、比较、选择。6月12日（星期日, 8：30-11：30）吉林省招办在东北师范大学人文学院西校区举办"吉林省2011年普通高校招生宣传咨询会"，届时家长和孩子可以去了解信息。

6. 6月22日全省出成绩，23日8：30在音乐厅召开报考家长会，23-25日填涂报考自愿。具体时间请关注省内新闻报道、校园网（输入"长春市实验中学"汉字即可搜索），各班保持联络畅通。

长春市实验中学高三年级组

2011年6月3日

中学班主任与学生有效沟通的技巧

【经典链接】

1.最好的教育，莫过于感染；最好的引导，莫过于示范。——李镇西

2.只有成功的人，才有资格将痛苦的经历作为财富与他人分享。——丘吉尔

3.见贤思齐焉，见不贤而内自省也。——《论语·里仁》

第三节　认可家长的付出和艰辛,切身理解家长的无奈和苦恼

【导语】

　　父母对子女的付出是无限的、无私的,有时候也是无奈的。生活中,由于沟通的不顺畅,给父母和子女都会带来苦恼甚至是伤害。这时候班主任如果及时了解情况,客观分析症结所在,帮助家长有效疏导问题、寻找沟通最佳方式,让孩子认同家长的付出与艰辛、理解家长的无奈和苦恼,定会为父母和子女之间建立起桥梁,进而获得家长和学生发自内心的尊敬和热爱,推动班级管理工作的良性发展。

一、角色定位之帮助亲子沟通的"润滑剂"

　　每个家长都渴望走进孩子的心灵深处,结果很多因为沟通不当、方式不畅被"拒之门外",伤心难过自不必说。如若情绪失控、恶语相向,后果可能不堪设想。

记得一次学校召开期中考试的家长会，一位家长提前一个小时来到学校，和我说出了最近家里亲子关系紧张带来的烦恼。她说，一次帮孩子打扫房间，从一摞书下面看到了孩子的日记本，不由自主地打开来看，结果心不由得一紧，发现女儿喜欢上了一个邻班男孩，字里行间描述了男孩的优秀、自己对男孩的欣赏。带着沉重的心，妈妈打扫、做饭、等孩子放学回来。女儿进家门的情绪也很低落，妈妈的心更加焦虑。忍耐着，忍耐着，和平时一样和孩子打招呼，叫孩子洗手吃饭，席间没有什么交流。饭后女儿回到房间，打开书包，拿出分数骤降的期中考试试卷，看了又看，若有所思。这时候妈妈借助送水果走进女儿房间，一边强忍着说"吃点水果吧"，另一边看到了孩子从未有过这么低分数的试卷。妈妈再也无法忍受了，说"你一天都干什么呢，得这么点分，就知道搞对象，没出息，你对得起我吗，……"越说声音越刺耳。女儿终于由愧疚到震惊、再到愤怒，大声回应道，"我是考得不好，但是你凭什么说我搞对象，说我对不起你呀？"你来我往之间，母女二人很快本能地把目光落到日记本上，女儿终于明白妈妈为什么那么说，咆哮道："你太过分了，太不尊重人了，凭什么看我的日记呀，出去！"妈妈气愤地摔门离去。第二天女儿没有吃早饭，早早地上学去了，妈妈看到女儿房间门上赫然贴着《闲人免进》四个大字，推开房门发现里面书柜各个抽屉都锁上了。从那天起，女儿有事不是发短信就是写字条，内容都特别简洁，惜字如金。妈妈心里是又委屈，又无助，更怕如此持续下去母女关系僵持不算，还会影响孩子的前程。这位妈妈回忆起自己一个人带孩子的艰难，既要赚钱，还要照顾孩子的饮食起居，为了更多地陪伴孩子，自己没有参加过同学聚会、同事聚餐，每年很少给自己添置衣物，全身心都在孩子身上，说到这里家长已经泪流满面。我安慰家长要冷静下来，并答应家长会帮助她与孩子有策略地沟通，

增进她们母女互相理解，感受到彼此的那份爱。几天后一次午间，我制造了一个和孩子"偶遇"的机会，问道"最近你脸上的笑容好像少了，也没那么灿烂了，有什么事情发生吗？"孩子一愣，接着低下头，我马上说"需要和老师聊聊吗，也许老师可以给你一些建议。"孩子想了一下，之后轻轻点下头。于是我把她带到了教师之家，温馨的环境又没有其他人在，孩子在放松的情况下把最近家里发生的事情一五一十地说了出来，说到妈妈偷看自己日记、不理解自己时孩子哭了起来。我先回应了孩子母亲未经你允许看了日记，是不对，但是这也是一种爱的表现，说明妈妈想了解你的情况、知道你的所思所想、帮助你解决困惑、看到你健康成长，并把她妈妈这些年默默为她付出的情况加以说明。孩子很感动拉着我的手说，老师我错了，我真是不懂事，伤了妈妈的心，不过我真的没有早恋，我虽然喜欢那个男孩但是我知道现在应该做什么、知道时间不对，不但不会品尝到甜蜜，反而会留下遗憾。我告诉孩子，你真诚地和妈妈沟通，她是会相信你的，妈妈是不会真生你气的，因为她对你的爱太深沉、太浓烈了，你应该比别的孩子更理解妈妈，既然你最近和妈妈都是纸笔沟通，那就把你的想法写给妈妈吧。下午自习，我看到她在活页纸上写了几页东西。放学回家之后，女儿吃完饭，偷偷地把信放到电视柜上，回到自己的房间，想安心学习，内心却充满忐忑，想象着妈妈看了信之后的反映。一个小时后，她再也无法忍耐了，来到妈妈房间，看到妈妈手里正拿着信，泪眼淋淋，手上的信已被打湿大片模糊。女儿冲上前去，紧紧抱住妈妈，相拥而泣。第二天孩子开开心心跑到我的办公室拥抱了我，感谢我及时地开导她，让她和妈妈的感情更深厚、互相更理解，说她会更加努力为了妈妈的笑容而学习、生活。后来，她和妈妈成为了朋友式的亲人，她比之前更优秀了。

从这个实例中，我起了亲子情感沟通"润滑剂"的作用，其中也包含了一些教育的智慧，在感动了家长和孩子的同时，自己也获得了一份温暖和力量。

二、角色定位之指导孩子学习的"分析师"

很多家长苦恼孩子进入高中尤其是经历新课程改革之后，自己没有能力指导孩子的学习，不能够有针对性帮助孩子分析和找到学业上存在的一些问题。这时候又需要班主任老师根据平时的观察、综合任课教师的共同感受，总结出孩子学习上存在的共性问题和解决对策，犹如智囊团一样给家长一些指导孩子学习的专业知识和技能，让孩子佩服家长懂教育、心悦诚服有收益、积极调整促成绩、家校合作增友谊。

针对90后学生的认知特点和学习习惯，我总结出高中学生学习中常见的三类共性问题下发给学生家长，帮助家长与孩子共同面对。

1. 高中学生学习中共性问题分析

（1）知识记忆不够全面、准确

表现在：基本概念记忆不牢，基础知识记忆不准，知识记忆时段相对较短，知识运用不够灵活，不能很好把握知识前后的有机联系，不能有效地整合问题、迁移知识等等。

（2）审题思维不够细致、严谨

表现在：设问的角度、范围把握不清，材料的关键词不能有效提取，缺乏有效的解题思维，甚至有的读题能力较差，不能很好地理解材料意图等等。

（3）应答方法不够缜密、专业

表现在：解答步骤缺失（有的直接给出答案，缺少公式应用或理论支撑）、学科术语使用不规范（缺乏专业性）、书写字迹较差（包括很多错别字）、答案缺乏层次性逻辑性、文采和发散性思维不够等等。

2. 明确教师解决对策，便于家长指导孩子积极配合

找到学生们存在的共性问题很重要，而更重要的是老师和家长如何指导学生们有效地解决问题。这里我为家长们列举了教师的四种主要解决对策，并附上对家长的建议，为家长指导孩子学习提供了"抓手"，让孩子们感受到家长和老师的培养思路是一致的，慢慢体会老师和家长们的良苦用心，提高学习的积极性、主动性、建构性，带着感情、带着智慧、带着责任去学习和生活。

（1）备课做好整体学情的分析和课标要求的落实

教师可行的做法：备课时围绕课程标准解读教材，认真梳理基础知识、基本技能、基本方法，根据不同的学情体现分层次教学的思想，学案、教案、作业、周测等体现出梯度差异，确定好教学方法并适时进行学法指导。

给家长的建议：分析孩子的性格特点、学习习惯、现有基础等情况，帮助孩子制订适宜的学习目标，找到适合的学习方法，选择适当的配套训练，和孩子一起体会学习带来的成就感。

（2）课堂加强自主学习的验收和合作释疑的反馈

教师可行的做法：提高学生的阅读理解能力，通过自主学习让学生在规定时间内完成指定任务，争取超额完成拓展任务，在独立思考、书写基础上发挥小组合作共同提高的作用，让课堂教学效益最大化。

给家长的建议：家长在孩子放学回家后，可以以欣赏的心态和眼光看看孩子白天学习的成果，特别是教材是否重点标注、学案上面是否留有学

习的痕迹、层次是否清晰、语言是否严谨、是否有不同颜色笔的修正等等，慢慢感受到孩子日常学习的整体状态，特别是参与度如何，及时鼓励和指导，多使用具有建设性的语言和方式方法，给孩子一份赏识、一份期望。

（3）课下提示温故知新的及时和配套训练的巩固

教师可行的做法：培养学生课下及时梳理教材、巩固训练的习惯，并力所能及地分章节、分阶段往回复习，做好课下辅导答疑工作，精选典型习题，把学生从简单重复劳动中解放出来，提高学习效率。

给家长的建议：给孩子购买必要的习题资料，周末陪同孩子共同复习、梳理，检查孩子复习的成果，力所能及地给出评语，比如"最近你的书写更规范了、内容更丰富了、进展更顺利了，爸爸妈妈真为你自豪！""孩子，你知道吗，你坐在那里专心学习的时候，好像一幅美丽的画卷，爸爸妈妈看着看着都陶醉了。"语言的力量，家长不可小视，孩子在这种认同与激励中找到学习的乐趣，家庭也会在宁静的学习氛围中更加和谐。

（4）考后要求总结梳理的准确和行之有效的对策

教师可行的做法：考后提醒学生及时全方位总结，尤其是要从知识、能力、方法、心态等方面寻找失分原因，并拿出一两个有针对性解决问题的对策，督促和指导学生建立"典型例题"库、错题本，提高学生审题的严谨性、全面性和解答问题的规范性、专业性，落实好采分点，减少和避免低级失误。

给家长的建议：考试后心平气和地与孩子一道分析，成绩、进步充分挖掘，帮助孩子鼓足信心；暴露出的问题，更要协同孩子客观归因、积极面对，当成全家大事、共同面对和解决，可以请指导教师、可以一起整理好题本、错题本，让孩子在家人的这份支持与关爱下，体会到父母对自己感情的深厚，加深理解，达成共识，带着勇气解决问题，不断提高。

【经典链接】

1. 班主任与家长、学生在认同和理解中互相温暖。——本人悟语

2. 卓越是一种追求，一种品质，一份承诺；幸福是一份希望，一种心态，一种习惯。让每一个学生终身幸福是我们的教育梦想，为师生终生幸福奠基！——长春市实验中学校训解读

3. 爱子，教之以义方，弗纳于邪。——《左传·隐公三年》

第二章　想其所想，急其所急

第一节　帮助家长解决教育方面的困惑

【导语】

你知不知道用什么方法准可以使你的孩子受到折磨？这个方法就是：一贯让他要什么东西就得到什么东西，……

卢梭《爱弥儿——论教育》

中国中流的家庭，教孩子大抵只有两种法。其一，是任其跋扈，一点也不管，骂人固可，打人亦无不可，在门内或门前是暴主，是霸王，但到外面，便如失了网的蜘蛛一般，立刻毫无能力。其二，是终日给以冷遇或呵斥，甚而至于打扑，使他畏葸退缩，仿佛一个奴才，一个傀儡，然而父母却美其名曰："听话"，自以为是教育的成功。待到放他到外面来，则如暂出樊笼的小禽，他决不会飞鸣，也不会跳跃。

鲁迅《鲁迅全集》第四卷第565页

人们时常说，我是母亲，我是父亲，一切都让给孩子，为他牺牲一切，甚至牺牲自己的幸福。这就是父母所能送给儿童的最可怕的礼物了。

马卡连柯《论共产主义教育》第390页

中学班主任与学生有效沟通的技巧

当看到这么多教育名人谈及中国家庭教育的时候竟流露出如此的赤裸裸的观点，我们可以肯定地说：我们的家庭教育真的是我们教育中的一个败笔！因为我们的爱太过浓重，太过深沉，太过裸露，所以我们的爱让我们的孩子感到窒息，让我们的孩子有一种措手不及的感觉。于是爱失重了，于是孩子茫然了。

"父母对于子女，应该健全地产生，尽力地教育，完全地解放。"这是鲁迅在《鲁迅论教育》中对真正的家庭的教育的最本质的解读。他让我们看到了教育的最深处。也正如裴斯泰洛齐在《葛笃德怎样教育她的子女》中所说"孩子受到母亲的照顾，感觉到愉快。爱的种子就在孩子心里发展起来了。"这是一份思想的教育，这是一种爱的传递，可我们的教育却严重地缺少了这些内容。这就是针对我们所有的对教育有困惑的父母的最好的解答。

俗话说得好，"父母是孩子的第一任教师"。家庭教育既是摇篮教育，也是终身教育。家庭教育因其特殊的地位和影响，在我们的大教育系统工程中起着举足轻重的作用。当物质达到了极大丰富的时候，当人们不再在意自己的吃穿用度的时候，当更多的家长忽然觉得自己应该停下来看看孩子的时候，当他们忽然觉得钱只是一个可多可少的数字的时候，他们唤醒了内心那尘封已久的一种理想和愿望，那就是应该关注一下孩子的未来啊，钱也不缺，房也不缺，车也不缺，忽然发现，缺少了太多的知识，缺少了太多对孩子的关注，缺少了太多的精神生活，于是思考：

孩子的辅导班是不是应该再多上一些啊？对兴趣班家长应该抱着什么样的心态？是否应该由孩子来成就家长未竟的理想？为学习该不该放弃爱好？学习习惯的培养从何处下手？孩子的青春期应该怎样度过？如何引导孩子的实践能力？何时培养孩子的正确人生观？谁来指导？等等。一系列的话题,让很多家长忽然感觉不知所措。

一、调整好心态,明确拔苗助长的弊端

所有的父母都非常关注孩子的教育问题,但是却在孩子教育问题上研究不够、讨论不够,家长也很少有明确的管理经营意识,所以很多家长往往基于爱心办错事。

在2009年10月的国家统计局大连调查队提供的《大连市义务教育阶段学生课业负担调查报告》和近期大连市教育局的大量调研中显示,大连市目前小学生负担问题表现其一就是过重的课业负担。

数据显示,42%的学生需要利用课余时间完成来自家长和课外辅导班的作业;有近70%的学生在课余时间要参加各种文化补习班或特长班,而由其自己安排的活动很少。有的学生自我感觉双休日中没有属于自己的时间。调查中有28%的学生表示上课时出现疲劳现象。

国家统计局石家庄调查队发布居民教育消费现状中提到初中学生请家教和上课外班最花钱,按教育支出由高到低排位依次为,高中阶段平均每个学生教育支出3213.61元,初中为3180.62元,幼儿园为2863.89元,小学为1763.46元。而在每个就学阶段的教育支出中,家教费和培训费均占有较大比重,初中阶段最高,平均每个学生家教费和培训费支出1782.33元,占该阶段学生教育总支出的56.0%。

看到这些触目惊心的文字的时候,我常常反思:我们的孩子在做些什么?这样的付出收获了什么?

"望子成龙,望女成凤"的心态,使很多家长加入到了"专业家长"的行列。很多家长每天都在送孩子上各种课的路上,每天都有一种疲于奔命

中学班主任与学生有效沟通的技巧

的感觉。

这是一种错爱。

据我了解，我家孩子上初一了，可他们班的学生有初中课学完的，有学高一课的，还有在反复学初中课程的。我真的不能接受了。我感觉到的是家长的疯狂和不理性，更主要的是当他们成为了直接危害孩子的人的时候，他们还不知道！

这是一种很可怕的落后，因为它是一种观念，一种思想的滞后，这是需要很长时间，甚至可能没有办法改变的一种东西，可怕就可怕在这里啊！怕的是这种做法让很多孩子对学习失去了兴趣，接下来的学习将会进入相当困难的时期。这是拔苗助长的最大的弊端啊！

兴趣是做任何事的最好的老师，也是最佳原动力，如果做事没有兴趣，既不会有效率，更不会有成功可言。学习就是这样的。

当我们浩浩荡荡上学习班的学生和家长在路上的时候，我们浪费了大量的物力、大量的人力、大量的财力，可这些都是可看的，可数的，我们最主要的是在全力以赴地害着自己的孩子。

每天花着大量的钱，努力让孩子对学习失去着兴趣。因为孩子在学校永远是在吃着自己嚼了一遍又一遍的馍，没有任何滋味，更无兴趣可言了。儿子回家说，他们同学面对补课，如是说：去就去呗，反正家长让我去，不去他会不高兴，那我就去玩，或者做别的，他们也不知道。是啊，做家长的得到的是心理的慰藉，可实际上孩子又得到了什么了呢？简单的小学、初中还可以对付，可到了高中，当兴趣已经没有，学习就变成了学习时，大批的问题就会直接涌现出来，你会感觉到力不从心？你会感觉到从来没有过的无助？可你从来没有想过，这是作为父母的杰作啊！这仅仅是伤心吗？不，这更是痛心啊！我们本可以让我们的孩子活得更好，可因为我们的无知让孩子走向了一条不光明的路，这是我们错爱的结果啊！鲁迅曾经高喊"救救我们的孩子！"我们现在何尝不应该救救我们的孩子呢？

这绝不是危言耸听，这是骇人听闻的事实啊！我们看到的是孩子超重的书包，我们看到的是孩子苍白的脸庞，我们看到的是孩子厚厚的眼镜，我们看到是孩子怎么挺也挺不直的腰啊！他们应该是中华民族的脊梁，他们应该是阳光灿烂的朝阳，可他们现在呢？

孩子学习的好与坏不在于上了多少课外班，孩子能不能学习好也不是孩子唯一的出路，当然从传统意义上讲，孩子学习好是最好的了，可孩子应该是先对生活有兴趣，孩子的生活应该首先是健康、阳光的，这样我们培养的才是对社会有用的人啊！如果我们只教育孩子学习，那孩子还能承受更多社会、民族的担子吗？听说有的孩子，由于家长给的压力过大，所以十五、六岁的大男孩，在全班同学面前放声大哭，那是一种怎样的心理的释放？那是怎样的无助？那又是怎样的迷茫啊？就是因为家长给孩子补了很多的课，然后第一次没考好，家长告诉孩子应该怎样去学，然后第二次又没考好，家长就大骂孩子，又是笨蛋，又是没出息，又是没用的家伙，又是花了多少钱等等，孩子真的是彻底崩溃了。

你给孩子补课是你自己想不遗憾，想自己心安，可孩子呢？想过孩子的感受吗？想过孩子将经历的十几年的寒窗吗？我们想让孩子学习好这是无可厚非的，可我们也不能拔苗助长啊，这能让我们的小苗真正茁壮成长吗？适当补一点没有毛病，可长期这样，换一个角度，就我们家长而言能受得了吗？何况他们是正处于青春期，正处于贪玩期的孩子呢？

良好的心态，可以让孩子积极向上地生活，当他们发现其实自己主动学习也是一种乐趣的时候，还愁没有成绩吗？可能有的家长觉得这件事很遥远，但一直不开始去做的家长，岂不是连希望都没有。从现在开始来调动

孩子的兴趣，调整自己的心态，也许我们的成功就会在不远的将来。

作为家长不做老师的助手，做应试教育的调剂者。家长应避免成为学校应试教育的同盟，逼迫孩子做作业，而是应该为提供孩子增长见识、有建设性的锻炼与娱乐项目、趣味性的爱好培养的机会。减少室内课外学习项目，增加室外见识体验项目。家长应多带动孩子去旅行、观赏演出与博物设施、熟悉各类动物与植物、参与劳作与手工，在这类使用多感官的活动中培育与挖掘孩子自己的爱好。

让孩子学习些竞技体育，增强孩子的竞技意识，促使孩子有一种拼搏的精神，同时也可以强身健体，一切的责任和义务，一切的努力和奋斗的前提都是好的身体，想想当年冠以中国的"东亚病夫"，我们不能不担心现在孩子的身心健康，所以要孩子有健康的体魄。可以上一些陶冶性情的课程，学学音乐、美术，让孩子提高审美水准，提升中华民族的整体素质。

但无论上什么样的课，都应该从孩子的兴趣出发，让孩子在学中感受快乐，让孩子在快乐中幸福成长！

当然，如果孩子某个阶段，某一科目很差，是可以补的，所有的事情是没有绝对的。但要有度，要适可而止。如果当孩子觉得生活都很乏味的时候，那就不是学习好与不好的问题了。

二、细心的关爱，陪孩子轻松度过青春期

孩子的青春期的表现很多，但大多数家长接触到的往往都是和自身接触比较密切的一些事情。

孩子在青春期表现的较为明显的就是和异性过多的交往，这是很多家长不愿意看到的，也不想在自己家孩子的身上发生的事情。其实这些事情

的发生和我们家长是有着直接的关系的。

1. 和孩子正面交流青春期的所有可能，让孩子将好奇心最小化

教育是让孩子明白，让孩子懂一些事。由于中国的传统教育，使中国的性教育成为一片空白。很多老师都在回避着这个话题，可每个同学都在成长，他们都在经历着人生的这一阶段，而他们中的很多孩子却不知道这悄悄发生着的变化，于是他们带着满心的好奇，于是他们初尝着所谓的禁果，于是他们在影响着学习，于是他们让家长，让老师都不能接受。其实大可不必这样的。

当孩子身体发生一些变化时，家长一定要及时关注，从正面去解读孩子的身体变化。比如女同学的经期是怎么回事？这个问题，我的孩子就问过我，我直接就告诉他，当女孩子到了一定的年龄，身体里就有一些废血，就是没用的血需要在每个人排出一次，这样才不会让这些没用的血堆积，所以每个月女孩子都有这样的一个阶段，这个阶段作为男孩子就应该多照顾一下女生，当然，这种问题是女同学相对隐私的问题，所以最好不要去关注或过问，自己明白是怎么一回事就可以了。其实也许我们解释的不完全对，也可能不专业，但至少让孩子觉得，这没什么，是十分正常的事情而已。于是孩子的好奇心没了，反而学会了关爱别人，其实一个问题解决好了，它是可以从多个角度受益的。

2. 经常亲近自己的孩子，解决孩子皮肤饥渴的问题

中国传统的教育让人望而却步，为什么这样说呢？其实每个人的内心都有一种不安全的因素，这种因素让你觉得应该有什么东西可以包围着你，其实每个人都是这样的。青春期的孩子更是如此。每个人都有对拥抱的渴求，只是表现的方式不同。

我们可以看到很多国家的交际方式，他们有的是亲吻脸庞，有的是拥

187

抱,特别是有些国家的小孩子和父母是又亲吻又拥抱,他们对这些习以为常的事情从不大惊小怪,所以他们拥有,所以他们不去在一些时候去寻求别人的拥抱,而更多是在父母怀中得以慰藉。

当家长给孩子一次次的拥抱的时候,你会发现你就不会把自己的孩子推到别人的怀里。

关注孩子的精神中还有一个内容就是加强亲子交流。因为今天我们能够跟孩子待在一起的时间真的很有限,早上起床忙完上学去了,像在北京孩子中午都不回家吃饭,等到放学从幼儿园接回来爸爸妈妈忙着做饭,吃完饭孩子要写作业,幼儿园的孩子再洗一洗就七八点了,还有多少时间跟孩子坐下来交流,所以我们一定要抓住各种各样的机会通过语言、通过表情、通过动作、通过身体接触各种途径向孩子传达一个信息:"宝贝,你对爸爸、妈妈来说很重要!""宝贝,爸爸、妈妈认为你是我们生命当中最重要的组成部分!""你是爸爸妈妈的心肝,是爸爸妈妈的四分之三"。说这些话不用花钱,让孩子知道爸爸妈妈不是管我,而是为了我好。

3. 和孩子平等交流,做孩子最好的朋友

叛逆期在孩子的教育上应该是最难的一个问题。现在孩子之所以叛逆,表现得如此明显,其实和我们生存的大的社会环境有直接的关系。

试想一下,当年的我们为什么没有叛逆的时候?为什么没有青春期呢?事实上不是我们没有,而是我们有更好的方式解决了。

现在的孩子都是独生子,在他们生活的环境中,没有让他们可以倾诉和发泄的对象,这些东西如果都放在心里,自然就会出现这样或那样的问题。而他们现在生存环境又是千奇百怪,最主要的是以迅猛的速度在发展,每天都会有很多让他们不懂或者让他们很不安稳的因素,于是他们就想找到一个避风的地方,他们就想采用各种自己的方式去解决自己的问题,可他们有的方法恰恰让传统的家长所不能接受, 而在现代与传统的对抗中, 就出现了所谓的叛逆, 这种叛逆在孩子自己认为是十分正常的, 可在我们传统的观念中, 将是多么可怕的一件事啊!

以前的家庭多数都是几个孩子, 甚至更多, 一旦遇到问题, 没有哥还有姐, 没有弟还有妹啊, 然后你会听到哪个孩子和哪个孩子吵嘴了, 哪个孩子和哪个孩子打架了, 这是什么? 转化到我们的学生身上, 不就是在学校打群架, 不遵守纪律吗? 哪个家长会因为孩子之间的这种矛盾而操太多的心了, 可现在的性质变了, 由"人民内部的矛盾"转化成了所谓的"阶级矛盾", 于是出现了教育困难的问题, 其实从实质上分析, 事情其实是很简单的。

家长换一下自己的角色, 给自己一个合理的定位, 做孩子最好的朋友, 他们需要倾诉时, 你做一个永远的倾听者; 需要发泄的时候, 你做他永远的出气筒; 需要理解的时候, 你永远给他一个最支持的拥抱, 试想还有什么不能解决的问题呢? 以理解为主, 以解决问题为目的, 一定会收获一个健康幸福的孩子!

三、深入的分析, 给孩子更多思考的机会

我们的孩子没有太多的机会接触社会, 没有兄弟姐妹之间那种潜移默化的熏陶和影响。他们在学校可以接触到同学, 但没有时间, 也没有机会更深入地分析周边的人和事, 这样, 很多孩子在生活中自然就表现出心理年龄比生理年龄要小很多, 就是家长眼中的, 所谓的孩子太不立事了, 为什么? 还不是因为孩子没有这样的一些机会, 根本就没有对很多事情进行过思考, 一切对他们来说都是陌生的, 都要从第一次做起, 而这第一次又来得太晚, 所以, 家长有责任去领着孩子见识一下在成长的过程中应该让孩子

体会到的东西。

分析孩子的现状, 分析孩子的乐趣, 分析孩子的未来, 同时学会分享孩子的思想, 分享孩子的认识, 分享孩子的幸福。

我们的孩子太过于单纯, 缺少独立的意识, 在家长包办所有的情况下。

在孩子的发育过程中, 多提供选择机会, 让孩子自己在饮食、购物、交游、阅读、欣赏、语言、游戏中做出选择, 并培养孩子思考选择理由与依据的习惯, 尤其应注意培养孩子每次不重复选择的能力。允许孩子做错误的选择, 但陪同孩子一起进行反思总结。

从长远利益考虑, 让孩子从小适度地知道一点忧愁, 品尝一点磨难, 并非坏事, 这对培养孩子的承受力和意志, 对孩子的健康成长或许更有好处。成功的家庭教育来自于父母对孩子的深入了解, 接受和尊重孩子, 而不是揭孩子的短。保存丰富孩子的感受力, 最好的方法莫过于让孩子置身于大自然中, 让孩子关注他周围的世界。把天真快乐的童年还给孩子, 保存和丰富孩子的感受能力吧, 它是自然对人类最大的恩赐, 它是孩子终身的财富!

注重纠正学生对事物的非理性认识。美国心理学家埃利斯认为, 人的情绪不是由他所遭遇的事件决定的, 而是由当事人对这一事件的看法, 认识决定的。对事物的理性认识导致当事人的健康情绪, 非理性的认识常常使人陷入消极情绪、难以自拔。比如: 有的同学对一个老师有成见, 总觉得老师讲得不好, 这样自然就会产生对立情绪, 然后这个同学的家长就说, 老师讲那么不好, 我们去找校长, 然后我们换老师, 有的同学家长就对孩子说, 你们很快会到社会的, 社会上会遇到形形色色的人和事, 难道为了自己让社会来改变, 来适应你吗? 这是不可能的, 所以一定要想办法适应老师, 结果前一个同学最后的成绩被落得远远的, 而后一名同学学得和以前一样出色，这就是家长的作用，正确的引导会让孩子走得更远，更成功，而非理性的认识对孩子产生的误导，是今生没办法挽回的。特别是对孩子今后生活的影响要远远胜过学习的那些知识，这是一种无法挽回的损失。

事实上，我们给孩子的太少了。总觉得我们让他们吃好了，让他们喝好了，就给了孩子所有，而我们真正应该给孩子却一点都没给啊！

在孩子独立前，教给他学习、生活和处世的方法和态度，将影响孩子一生的成长。学会生活，让孩子更加坚强，懂得学习，让孩子实现价值。良好心态，让孩子快乐成长。优秀品德，让孩子凝聚人气。为人处世，让孩子善于交际。善于理财，让孩子走向辉煌。要让孩子吃点苦，教孩子应对逆境，再富也要穷孩子，让孩子自己走路，教孩子战胜挫折，与孩子沟通，给孩子真正的爱等等，这都是影响着孩子一生的事情。

让孩子思考，让孩子走向成熟与辉煌！

四、正确的引领，让孩子更好地走向成功

教育孩子的方法有很多种，可更多的家长还是在传统的教育体系中徜徉，因为没有谁有精力，或者说没有谁会有更多的想法说研究一下孩子的教育，因为毕竟孩子就一个，等研究完了，可能都不再有重新运用的机会了。可事实上，教育孩子应该是一个常常反思的过程，是一个不断改进的过程，从而才能对孩子进行正确的引领，从而让孩子在人生的路上，可以少走不少弯路。

对孩子的教育，很多家长还停留在自己接受教育那个年代，觉得教育就是这样的，没有什么变化，可事实不是这样的。时代变了，我们的孩子在发生着变化，社会也变了，所以作为家长也应该发生变化，而且是从思想上

发生变化。

孩子的十年寒窗,作为家长付出了很多,每天似乎都在与孩子抗争,每天都在努力,用"浴血奋战"似乎夸张了一些,在传统意义上来说,真的是付出和得到没有成正比,哪怕只是一点心理上的慰藉。可当我们真正坐下来,安静地思考的时候,我们才觉得,我们落伍了,我们应该做与时俱进的家长。

1. 对孩子的认识要与时俱进

现在我们面对的每个学生,他们都有自己的不足之处,很简单,大人还有犯罪的时候,何况他们还是个孩子呢!当然,不能说孩子就应该无休无止地去犯错误,但至少我们应该让更多的孩子看到希望,不能再像以前一样,认为孩子这样就是没有救了,于是什么样的话都可以甩给孩子,这是对孩子人格的不尊重,是对孩子的不负责任。孩子需要你对他有一个公平合理的认识,他们更需要我们对他们的肯定和帮助。如果说还有可以让我们正确认识我们的孩子的方法,那就是应该实行赏识教育。

世上没有绝对好的孩子,也没有绝对坏的孩子,我们应该重新对他们加以认识,他们身上一定有闪光的地方。有句话说孩子:好孩子是夸出来的。这是现在社会最典型的体现,因为孩子更重视他们的尊严,别人对他们的尊重,更在意的是人与人之间的平等。

2. 教育观念的与时俱进

对孩子的爱,绝不是简单的父母之爱,物质之爱。爱的概念要更新,爱的方式要改变。有的家长总觉得我付出了很多,难道这还不够吗?但其实这完全是一个误区。你给孩子的精神搭建了安全的港湾了吗?

父母对子女的爱产生于血缘的亲情关系,所以父母的爱会施加于子女,父母的爱养护性强,就会导致"恨铁不成钢""望子成龙,望女成凤"的急切心理。这样教育就会适得其反。作为家长，就应该与时俱进，与社会、与时代接轨，与现在的孩子的心态接轨，让自己融入现在的社会中，让自己了解孩子，从孩子的角度出发，从而将孩子的工作做到深入。

对孩子早恋的问题，应该辩证地去看，大人都能在家庭以外出现对异性的好感，何况作为对感情比较丰富的现代的十七、八岁的学生呢？对孩子艰苦朴素的教育，我们也应该发展地去看，现在还能让我们打着补丁去上学吗？这也不现实。现在你让学生整天去啃窝头，这也不现实。我们应该重新考虑，以全新的理念去面对现在的学生。我们要学会对孩子的赏识教育。

如果您的孩子取得一些进步，您就不失时机地对他有一些表扬，"你真棒""你怎么这么优秀""你太能干了""我做梦都没想到能生出你这么优秀的孩子"……说这些话不用你花一分钱，孩子拥有的是自信，有自信的孩子才懂得自尊，有自尊的孩子才懂得自己去自强，自强的孩子才有可能自立。孩子一旦出现了失误或者没考好或者最近表现的不好，告诉孩子"别灰心""努力""加油""有爸爸妈妈帮助你""哪儿跌倒哪儿爬起""失败是成功之母"……这样孩子就会有一个轻松健康的心情，孩子就会轻松健康快乐地飞，否则只能痛苦缓慢地爬。

3. 教育方法的与时俱进

对学生，必须换位思考。站在孩子的角度来分析、看待各种问题。尊重关心学生，理解学生，这是最为重要的。

有这样一个学生，因为他，我被学校的老师说了，他很是惭愧，找到了我，和我说："对不起！老师，你让我为你做点什么吧？这样也许我能安心一些。""为什么？""我不希望因为我，你去挨说。""老师尊重你，老师认为学校老师说得也有道理，你去取眼镜也是对的，老师没怨过任何人，你不

中学班主任与学生有效沟通的技巧

用有任何的愧疚。"孩子眼中是一种愧疚，是一种对老师的感激。

其实，很多事情就是这样的，往往你尊重了他人，你也会得到别人更多的尊重，孩子也一样。孩子需要爱，需要尊重，需要理解。

正如苏霍姆林斯基所说，"假若孩子在实际生活中确认，他的任性要求都能满足，他的不听话并未招致任何不愉快的后果，那么就渐渐习惯于顽皮、任性、捣乱、不听话，之后就慢慢认为这是理所当然的。"这正是我们教育孩子的错误的根。而正像吴玉章所说"正确教育子女的方法，我认为最主要的应该是爱和严相结合。在生活上既要给予子女适当的父母之爱，在政治上又要严格要求他们，特别要舍得让他们到艰苦环境中去锻炼，在风雨中成长。这才是真正的爱。只有这样才能锻炼出人才，成为真正有作为的人。"这才是教育之正道啊！

【经典链接】

家庭教育三格言【关键语】

父母永远安静地站在孩子身后，给予信心。强调对待孩子应"用你的眼睛去观察"。无论何时，父母的双眼总是反映出：我理解你并且爱你。

1. "stand behind, don't push"（站在后面，不要推）

在美国，父母让孩子拥有选择的自由。美国的父母不会代替孩子选择，而是坚持"stand behind, don't push"（站在后面，不要推），给予孩子绝对的自由去选择他们的道路。

使孩子真正变成社会人是美国家庭教育的最终目标，正是这个目标，使孩子早早地拥有了家庭中的许多权利，也就少了许多对抗，少了许多家庭矛盾。

2. "交给他们开门的钥匙比带他们进入房间更为合适"

美国父母交给孩子的是开门的钥匙。美国教育界基本上有一种共识，那就是父母、教师不应给孩子灌输某种既定的规范，每个人都可以根据各自的价值观去选择，教育的重要职能在于引导他们怎样进行选择，"交给他们开门的钥匙比带他们进入房间更为合适"。

　　3. "去做"、"去试试"

　　父母在给予孩子选择自由的同时，对选择的后果提供证据。他们特别重视提供择友、订婚、结婚这类选择的后果，希望孩子不完全凭第一印象或直觉办事。父母鼓励孩子"付诸行动，"去做"、"去试试"，坚信实践能缩短认知与行为的距离。

国外家庭教育孩子的四十条真理名言

　　美国学者戴维·刘易斯总结的教育孩子四十条，集中反映了西方的家教观。

　　1. 对孩子提出的所有问题，都耐心、老实地回答。

　　2. 认真对待孩子提出的正经问题和看法。

　　3. 竖一个陈列架，让孩子在上面充分展示自己的作品。

　　4. 不因孩子房间里或者桌上很乱而责骂他，只要这与他的创作活动有关。

　　5. 给孩子一个房间或房间的一部分，主要供孩子玩耍。

　　6. 向孩子说明，他本身已经很可爱，用不着再表现自己。

　　7. 让孩子做自己力所能及的事情。

　　8. 帮孩子制订他的个人计划和完成计划的方法。

　　9. 带孩子到他感兴趣的地方去玩。

　　10. 帮助孩子修改他的作业。

　　11. 帮助孩子与来自不同社会文化阶层的孩子正常交往。

　　12. 家长养成合理的行为习惯并留心使孩子学着去做。

　　13. 从来不对孩子说，他比别的孩子差。

14. 允许孩子参加计划家务和外出旅行的事情。

15. 向孩子提供书籍和材料，让孩子干自己喜爱的事情。

16. 教孩子与各种成年人自由交往。

17. 定期为孩子读点东西。

18. 让孩子从小养成读书的习惯。

19. 鼓励孩子编故事，去幻想。

20. 认真对待孩子的个人要求。

21. 每天都抽出时间和孩子单独在一起。

22. 不用辱骂来惩治孩子。

23. 不能因为孩子犯错误而戏弄他。

24. 表扬孩子会背诗、讲故事和唱歌曲。

25. 让孩子独立去思考问题。

26. 详细制订实验计划，帮助孩子了解更多事情。

27. 允许孩子玩各种废弃物。

28. 鼓励孩子发现问题，随后解决这些问题。

29. 在孩子干的事情中，不断寻找值得赞许的地方。

30. 不要空洞地和不真诚地表扬孩子。

31. 诚实的评价自己对孩子的感情。

32. 不存在家长完全不能与孩子讨论的话题。

33. 让孩子有机会真正做决定。

34. 帮助孩子成为有个性的人。

35. 帮助孩子寻找值得注意的电视节目。

36. 发挥孩子积极认识自己才干的能力。

37. 不对孩子的失败表示瞧不起，并对孩子说："我也不会干这个。"

38. 鼓励孩子尽量不依靠成年人。

39. 相信孩子的理智并信任他。

40. 让孩子独立完成他所从事的工作的基本部分，哪怕不会有积极的结果。

第二节　发挥桥梁作用，巧妙化解
学生与家长的矛盾

【导语】

在人与人之间的诸多关系中，父母与子女是血肉相连的关系，最为密切。但是在现实的生活里，父母和子女时常会产生很多的不愉快。特别是学生上学阶段，矛盾重重，轻则发生误解，重则会出现争吵，甚至打闹、相残的事件。很多孩子发出了如此的感慨："我们可以选择人生，但是无法选择父母。"这句话真的让人心寒啊！父母已有了生育之恩，为什么还会有那么多的不满？而不是感激？

现在想来，是社会，是人们的观念在变，也许这种想法可以理解，但我想：不尽然，我们可以无法选择父母，但我们可以改变你的父母，更可以改变你的人生。

"班主任是一个班集体的组织者，教育者和领导者。"细细体会，意味深长。的确，作为一个好的班主任，他不但要演绎着这样的角色，最主要他还是家长与学生的桥梁与纽带。如果能处理好这二者的关系，不论是对学生学习还是对学生管理都显得十分重要。

经常感受到的是学生与家长的对立，感受到的总是一种剑拔弩张的氛围，让人总觉得束手无策。为什么会这样呢？事实上，学生与家长之间的关系紧张，在很多的时候，是存在着很严重的沟通问题，致使很多人把问题都归结到：家长到了更年期，孩子到了青春期，结果就出现了更年期碰上了青春期的可怕的后果，让人觉得天都要塌下来了。但事实真的这么严重吗？真的是代沟在作怪吗？真的是青春期与更年期在作怪吗？我不这么看。

心理专家说，家长与孩子的沟通，"态度决定一切"。只要是家长和学生双方的态度好，所有的矛盾都是可以进行沟通，进行解决的。父母要学会尊重孩子，不要被好奇心、猜疑心所左右，更不要把自己的意愿强加于孩子身上；而子女则要理解父母的苦心，即使父母在某些方面令自己反感，也不要出言不逊，激化矛盾，双方可用心设计一些轻松、有趣的话题加强沟通，这样完全可以做到和谐共处。而在这样的沟通过程中，班主任就应该发挥桥梁作用，巧妙化解学生与家长的矛盾

一、明确父母与孩子的关系

家庭的教育和影响，在很大程度上影响着中学生的人生道路，正如马克思所说："孩子的发展能力取决于父母的发展。"从小以正确的生活目标和人生态度教育子女的家庭，往往能激发孩子积极向上，勤奋学习，增强克服困难的主动性、自觉性和意志力，引导子女健康成长，成为社会的有用之才。反之，孩子就会走向不好的方向。

在社会发生了巨大变化的今天，很多孩子成了"有知识无智慧、有成绩无常识、有能力无信仰、有规范无道德，有欲望但不懂得节制，有目标但缺失理想，有技能无灵魂，有学位没品位，有个性不懂合作，有心动却没有行

动"的人。面对社会变化如此之大、如此之快，随之而来就是应该对父母与孩子之间的关系有一个最为合理的定位。那么到底什么样的关系是现代社会的父母与孩子的最为正常的关系呢？

传统当中一般都是强调父子有亲，父母亲和孩子之间一定是有亲近的，有亲才会有爱。可今天父母亲和孩子之间还有亲近吗？有钱的父母把孩子送到寄宿制的幼儿园、小学，一个星期见一次，还问星期六、星期天能不能不接。没钱的父母出外打工，把孩子扔在老家，一年可能才能见一次。试问家庭中的责任和义务如何来传承？传统文化当中特别强调长幼有序，出门谁先出谁在后面跟着。可是今天长幼已经没有序了，爷爷是孙子，孙子成爷爷了；过去学生是敬重老师的，现在成了老师怕学生了。

很多人认为，父母与孩子就是应该是管与听的关系，父母管孩子的吃喝拉撒睡，孩子就负责给父母学习，这是多年来大部分人的想法，而这是一种最为普遍也最为错误的认识。

很多人常常把对孩子的这种教育出现的问题的原因都归结到代沟上。所谓的代沟，我倒是觉得更多的是思想深处先入为主的一种观念。传统的家长总认为：自己在孩子面前就应该是至高无上的，就应该说了算数，就应该说打就打说骂就骂的。中国长期的传统思想，盲目地把听从父母的教诲，以父母的言行作为子女的行为标准，作为一种"美德"发扬光大。虽然树立了家长的绝对权威，但是在一定程度上扼杀了中国家庭的民主对话，贻害至今。所以，很多的家长自然把自己放在了封建老家长的位置，既然你自己都要高高在上，孩子自己有自己的想法，于是矛盾冲突就显现出来。孩子要自己的民主，家长要自己的权威，双方无疑就构成了敌对的两个队伍。和谐、幸福自然就无从谈起。

那么到底什么样的关系是健康的呢？

相互尊重，相互理解，相互支持，相互爱护，相互学习，共同提高。

父母应该是孩子的榜样：你做的和你说的一样重要。父母应注意孩子从大人身上得到的非语言信息。如夫妻之间的相互尊重、忠诚、共同承担家务、尊老爱幼、助人为乐、文明礼貌、对工作认真负责、诚实守信等等都会通过父母的行为传递给孩子。

当你不知道的时候要承认它。有时面对孩子提出的问题，不知道该怎么回答，或根本就不知道。这没有关系。向孩子承认自己不知道。好的办法是与孩子一起查资料，去寻找答案。通过这件事也可使你在孩子面前树立一种诚实、为孩子解决问题的榜样。

在智力方面，和孩子相比，大人占优势的是什么？是经验和知识，他比孩子有经验，他的知识比孩子多。但是，我认为，在智力的品质中，最重要的不是经验、知识，而是好奇心、感受性和想象力，而在这些方面，孩子远远优于大人。孩子不受习惯、传统观念、成见的支配，因为他头脑里还没有这些东西，他完全是用自己的真实的感官去感知世界，用好像是一片空白、其实还没有受到污染的大脑去想事情，他看世界的眼光是全新的。人长大以后，感官就不可避免地会受到磨损，头脑里也会积累起许多成见。所以，大人要善于体会孩子看世界的眼光，注意听他们说的那些话，学习用孩子的眼光看世界，这样你就能更新自己对世界的感觉，重新发现作为一个大人早已遗忘了的、靠自己也不能再发现的世界中的那些美和有趣。你就会发现世界非常美好，不像光用大人的眼光看，只看到一个功利的世界，日程排得满满的，今天干什么事，明天干什么事，甚为无趣。其实世界本来不是这样的，用孩子的眼光看，也就是用生命本来的眼光看，世界是很美好的。对孩子的这些理解是有利于和孩子形成健康的关系，从而使教育才能更有效。

而沟通是最好的解决问题的方式，现在的孩子和家长的沟通已然成为一个难题，对孩子而言，不愿意面对家长，对家长而言，想和孩子说，孩子不说。记得有一位家长，她是妈妈的同时，也是一名教师，她觉得最失败的是：她需要花钱和自己的儿子交流，这是我见过的我认为比较明智、但也是很令人同情的家长和老师。她含泪说，只有和儿子说，我去给你买件衣服啊，儿子才会问一问什么时间，到哪买。这还是在儿子高兴时，不高兴时，就说不去了，然后就没话了，她的儿子还是个学习相对优秀的学生，考了一个很好的大学，那作为家长，作为老师，我们不觉得做得很失败吗？

二、引导双方懂得尊重和珍爱对方

孩子的成长真的是瞬间的事，没来得及反应，他们就已经独立地站在了你的面前，然后你感觉到措手不及，然后你会感觉到无能为力。按常理说，学生和家长之间的关系似乎要比班主任关系近很多，与班主任并无太多的联系。其实不然，班主任可以是学生和家长之间的桥梁。苏联教育家乌申斯基说："如果教育学想从各方面去教育一个人，那么，它就应当从各方面了解这个人，了解他的一切优点和缺点，他平素的一切琐细的需要以及他的一切崇高的精神要求等等。"

家长和孩子之间经常会发生不愉快的事情，这时候，正是班主任发挥"桥梁"作用的时候。

1. 让家长明白，学生在想些什么，理解学生难处

班主任与家长的沟通。班主任要多角度和家长沟通，不管他的孩子是否有问题，可以通过电话或者"家校路路通"发个短信等等，班主任同家长之间的经常互通信息，可以加强了解，可以消除误解，避免各种矛盾和冲

突，而且能增强协作意识。

作为班主任，应该让家长了解现代的学生的现实状况，从而多一些对学生的理解。

学生每天在学校要待12个小时，这是现代中学生的一种常态，作为正常人，在一个环境中每天都待上12个小时，出现什么样的现象都应该是可以理解的。

对于每个学生，学习这件事又不尽相同。有些学生学了就会了，有些学生学了还不会，他们自己本身就不开心，如果家长再去埋怨，再去责骂，孩子就会破罐子破摔。很难再有信心学下去。所以，会看到很多十五六岁的孩子在各种场所打工。不知道家长是不是想过，这和我们的教育没有关系吗？我们明白我们的孩子在做什么？他们辛苦吗？他们在想什么？你知道吗？

他们有自己的理想，有自己的追求，他们有自己的想法，我们是否去尊重过他们，是否去想过帮助他们实现他们的理想。回答是肯定的，我们没有。

他们也想好，只是有时候不知道从何说起、从何做起。他们也想说，只是他们不知道和谁去说，怎么去说。如果家长理解尊重孩子，是不是我们的孩子会有另一片天空？

作为班主任，更应该从理论上指导家长，让家长提高对学生的认识。家长是学生的第一任老师，家长对学生的管理水平和教育方法，直接影响着学校对学生的教育教学效果，家长对学校、教师的态度和评价，又直接影响到学生对学校、对教师的态度和感情，影响学校整体的形象。班主任就应该让家长明白，学生在想些什么，什么时候家长可以为学生做些什么。

当家长明白学生在做什么的时候，可以促进学生身心全面发展，这也是班主任和家长共同的目标，是双方沟通的基石，也是班主任沟通家长的动机，所以班主任要了解每位学生父母的年龄、文化程度、职业类别、家庭成员、家庭的经济状况、父母对孩子的期望，以谦和的心态、真诚的态度与家长沟通，针对不同的家庭采取不同的沟通方式。这样，既了解学生的生长环境，有利于教育，同时也可以找到学生的情感要害，从而以情打动学生，以理说服学生。

班主任作为一个教育者，有着丰富的教育理论知识和实践经验，要帮助家长树立正确的成才观，并向家长介绍有关家庭教育的知识和方法，提高家长素质和家教质量，让学生可以在正确的引导下成长，可以在良好的氛围中成长，从而促进学生健康成长。

家长在与孩子交流过程中，应该要多听少讲，学生有错误，让他讲，他势必要找出很多的理由或借口来掩盖自己的行为。你可以从他的描述中知道个大概，然后形成自己的观点，对问题本身谈出自己的看法，让孩子借鉴，从而起到"吃一堑，长一智"的效果，而不是孩子犯了错误，挨了说，反而孩子没有任何收获，那错误就犯得不值了。

多肯定，少批评。孩子都是需要鼓励的，在沟通过程中，要多肯定，多同情，多从孩子的角度看问题，设身处地地为孩子着想，可以说"哦，我明白了，我理解你，你这样做也没错啊"等话语来安抚。被安慰过的学生，对立情绪不再会那么强烈。

作为真正好的家长，应该具有"留心、耐心、责任心、爱心、诚心、虚心"这"六心"。要想把孩子教育好，家长一定要从多方面、多角度充分了解孩子，用正确的方法处理问题，有利于家庭的幸福，有利于孩子的健康成长！

2. 让学生明白，家长在做些什么，树立家长威信

1923年12月17日，北京大学25周年纪念日的民意测验结果显示，学生

心目中的世界大人物有列宁、威尔逊等人，国内大人物则是孙中山、陈独秀等人。

在2006年某报刊登出大学生最崇拜的十大人物，上面既有周恩来、孙中山等一代伟人，也有屈原这样的爱国诗人，同时也有武侠大师金庸、古龙等人，华人首富李嘉诚也位列其中。姑且不论这样的调查是否真实，但这样的结果总还是能折射出时代的变迁中学生心中所想的一丝涟漪。在学生心目中，他们可以崇拜各种名人，甚至是某一个歌星或影星，但很少的人会崇拜自己的父母，这是为什么呢？

这一代的学生都是在蜜糖里泡大的，隔辈的人根本不知道他们脑子里充满了怎样的奇思异想。但这正是时代赋予下的景象。所以班主任就应该让学生明白家长在做些什么，家长应该是他们最崇拜的人。

家长的一言一行从小就对孩子产生深刻影响。但由于家长知识水平和自身素质参差不齐，所以对学生的影响程度也不同。应多为同学介绍心理学的知识，让学生从心理上首先认同和理解家长。

首先要明白，家长给了我们生命，没有父母就没有我们，即便父母什么都不再给我们，我们也要感激我们的父母。乌鸦尚且知道反哺，何况人呢？

第二，没有人可以替代我们父母，没有人会做到像父母那样对待自己。想一想，如果我们遇到事的时候，我们最先想到的应该就是我们的父母，父母是我们今生最大的依靠，无论我们有多大的困难，无论我们做什么，我们的父母都会无条件地帮助我们，支持我们。想一想"暴走妈妈"，她会不惜一切代价为自己的儿子的生命做着本来可能做不到的事，她甘愿捐献自己的内脏，给自己的孩子再一次的生命，这就是父母亲！

第三，父母对同学的不理解是因为他们生活的时代不同。不同时代人的追求是不同的,而父母亲一代人,没有读过太多的书,没有太多的更好的机会,他们自然会把自己所有的希望寄托在自己的孩子身上,所以通常就是"望子成龙,望女成凤""恨铁不成钢",让孩子圆自己没有实现过的大学梦。当他们把自己的想法寄托在孩子身上的时候,家长忽略了一个问题:孩子生活的时代不同了,他们的追求和父母的追求出现了极大的差异,这种替代是不可能有着很理想的结果的。

第四,父母对同学的忽视都是因为他们也要有自己的生活,他们要为家庭奔波。我们的父母在想方设法地为孩子创造最好的生活条件,他们无非不想让孩子有太多的负担,他们想为自己的孩子留一座金山,如果可以的话。

父母是我们的山,他们高大,他们可靠;父母是我们的天,他们可以让我们看到所有的光亮。珍爱父母!

三、巧妙沟通家长与学生的关系

家长与学生永远是在一个屋檐下,建立良好关系最重要的一点是相互信任,相互理解。

1. 适时、科学地召开家长会

法国思想家卢梭说过,首先要让家长感受到你是"一个教师,是多么高尚的人",这样才能让家长会起到科学的作用。

班主任要重视家长会。充分利用家长来教育家长,家长可以通过相互之间的交流经验,相互座谈,共同为教育好孩子献计献策。班主任重在策划,为家长们牵线搭桥,提供教育和受教育的机会。让家长互相了解和交流教育孩子的经验,让他们能够从多角度认识孩子。

向家长介绍学校和班级以及学生情况，力争得到家长的支持及配合，同时也了解学生在家庭的表现情况，从而达到相互沟通、相互了解的作用，使学校教育与家庭教育协调统一；传授家庭教育的理论和经验，帮助家长掌握科学的有效的教育子女的方法，特别是关于独生子女的教育方法；留守儿童的教育方法；单亲家庭的教育方法；青春期女童的教育方法等等。引导家长了解新的人生观、育人观，帮助家长走出家庭教育的误区，使家长转变观念，更好地实施家庭教育。定期举办家教经验交流活动，请家庭教育做得好的家长现身说法，交流他们成功的教子经验，起到抛砖引玉的作用。这样可以让更多家长从成功的家教例子中总结经验，寻求方法，从养成孩子良好的行为习惯开始，充分发挥家庭教育在非智力因素方面的教育优势，全面提高学生素质。

要正确地评价学生

首先确定学生的主流，避免挫伤学生及家长的自尊心。教师与家长接触，往往离不开评价，但不可当面评价学生。可以先请家长说说在校外的表现，而后教师才谈学生在校内的表现。肯定主流，肯定成绩。这样彼此之间容易达到心理平衡。避免了在谈话过程中相互责备对方"没有教育好学生"的心理阻碍，导致关系不和。

其次，要树立正确的"学生观"。客观、全面地评价每一个学生，使家长明白你所说的是实言，学校教育的目的和任务是与家长的愿望相一致的。

家长会内容不应只局限于期中期末考试成绩的分析。因家长职业、素质、水平等相差各异，家长会应更多地指导家长如何正确教育孩子。

2. 邀请家长参加主题班会、联欢会、课外活动等班集体活动，增加两代人之间的相互了解，加深两代人之间的情感。

在活动中,可以加深现代人之间的理解。家长能够了解学生的生活,这样也能体会其中的酸甜苦辣。在西方的教育中,家长参与学生的所有的活动,而且重视的程度要比自己去参加成人的活动要大,就是只要是孩子的事,他们会用全部精力去投入,让孩子感受家长对自己的重视,从而孩子对家长的尊重与爱的程度要加大很多。从而,可以加深两代人的最深的感情。

3. 班主任要创造条件,积极家访。家访是与家长协调关系的重要途径。尽管电话联系方便快捷,即使是农村,电话手机也很普遍,但电话联系其作用永远替代不了老师的登门家访。在目前家访愈来愈少的情形下,班主任的家访更应做好充分准备,每次家访的目的,谈什么,怎样谈,效果会如何等都要预先周密考虑好,不可盲目或应付差事。无论做什么事还是交朋接友,都得去沟通,而且还要用心去沟通。作为班主任,就更加需要与学生、家长沟通。学校的教育,不仅仅靠老师,还要靠社会、家庭相结合,这样才能构成三位一体的德育教育网络。

不管做什么事情,对学生一定要进行多元化的评价,不要让学生感觉到你一直在告状,家长也一直在告状,使很多的教育陷入一种僵持状态,这是最不明智的选择。适时地引导家长更新观念,与时俱进,帮助家长真正了解孩子生理、心理及学习发展变化规律。适时地引导学生理解家长,这样让他们之间建立一种健康和谐的关系,这才是教育的最高境界。

人与人天天密切地接触,要互相付出代价的:要仅仅欣赏对方的优点,而不刺痛对方的缺点,也不被对方刺痛缺点,双方都需要有多方面的生活经验、理智和诚挚的热情。

"通则不痛,痛则不通,"要想父母与孩子和谐,就必须通,而通的前提是要沟,有沟才有通,所以,要学会沟通,沟通的过程其实是个斗智斗勇

的过程，我们要学会做智者、勇者。

【经典链接】

沟通最好的技巧：

尽量去了解别人而不要用责骂的方式；尽量设身处地去想——他们为什么要这样做，这比起批评责怪要有益、有趣得多，而且让人心生同情、忍耐和仁慈。

当你劝告别人时，若不顾及别人的自尊心，那么再好的言语都没有用的。

打断蠢人的话头，让他闭口，是失礼的，而让他说下去，却是残忍的。

对别人述说自己，这是一种天性；因此，认真对待别人向你述说的他自己的事，这是一种教养。

太阳能比风更快地脱下你的大衣；仁厚、友善的方式比任何暴力更容易改变别人的心意。

如果你是对的，就要试着温和地、技巧地让对方同意你；如果你错了，就要迅速而热诚地承认。这要比为自己争辩有效和有趣得多。

当你思考准备说什么的时候，就做出一副彬彬有礼的样子，因为这样可以赢得时间。

一场争论可能是两个心灵之间的捷径。

讲话犹如演奏竖琴：既需要拨弄琴弦奏出音乐，也需要用手按住琴弦不让其出声。

做一个好听众，鼓励别人说说他们自己。

将自己的热忱与经验融入谈话中，是打动人的速简方法，也是必然要件。如果你对自己的话不感兴趣，怎能期望他人感动。

倾听对方的任何一种意见或议论就是尊重，因为这说明我们认为对方有卓见、口才和聪明机智，反之，打瞌睡、走开或乱扯就是轻视。

沉默是一种处世哲学，用得好时，又是一种艺术。

沟通的三个特征，行为的主动性，过程的互动性，对象的多样性。

关于沟通的几点小知识：

沟通，是情绪的转移，信息的传递，是感觉的互动。

沟通有三种：自我沟通，与他人沟通，与公众沟通，即演讲。

好的领导人，生命取向要高，生命体验要深，生命能量要强。

沟通的5个基本要素：点头、微笑、倾听、回应、做笔记。

沟通5心：喜悦心、包容心、同理心、赞美心、爱心。

一个人的人际关系不和谐，往往都是由于一个心态造成的。真正的强者让行为控制情绪。人际沟通最重要的一个要点就是把注意力放在结果上，而不是情绪上。

让别人怕你不如让别人爱你，别人怕你就离背后骂你不远了。

在人际沟通上少用、慎用"我觉得，我认为"等字眼儿，多使用"您、你们、我们"这样的字眼儿。

表达不同意见时，保留对方的立场。在沟通上没有对与错，只是立场不同观念不同而已。

毛泽东讲话，为什么老外老听不懂，他一讲话都是一阴一阳的：内线战中的外线战；持久战中的速决战；游击战中的阵地战。开大会的时候他说：同志们！一切反动派都是纸老虎。他开干部会的时候他又反着说，他说：注意，一切反动派都是真老虎。战略上我们要藐视敌人，战术上我们要重视敌人；战略上你要以一当十，战术上你要以十当一。这些话你要听懂了，不敢说百战百胜，你起码做到百战不殆。

很多人就是因为优秀，难以卓越。

团队建设就是兄弟同志和战友，天下就是这样打下来的。

人要以道驭术。

语言分三种，文字语言，有声语言，肢体语言。文字语言传达信息，有声语言传达感觉，肢体语言传达态度。

一个人改变其不良的语言惯性，就会改变你的神经系统，行为系统，最后改变命运。那些优秀的领导人都懂得这一套。

第三章　团结一致　齐心协力

第一节　明确一切为了孩子成长的共同目标
切忌"告状"式的谈话方法

【导语】

　　家校合作的前提是家长和教师要有正确的一致的目标。有了这样的目标，家长和教师才有共同努力的方向，劲往一处使，才能收到好的效果；否则各自为政，互相掣肘，当然不会有好的后果。但是这个目标的确定并非易事，它需要家长和教师对教育有正确的理解和认识，不能急功近利，只盯着孩子眼前的成绩，而应该把眼光放得长远些，更多地关注孩子综合素质的培养和健康快乐的成长。

　　教师在和家长沟通中要掌握正确的沟通方法，不能把学生出现的问题简单地反映给家长，一味告状，让家长自己解决孩子的问题，这是一种不负责的表现，也收不到好的效果。老师应该利用自己的教育经验和智慧，给家长以正确的指导和帮助，协助家长把孩子引入正确的发展轨道。

一、明确一切为了孩子成长的共同目标

每一个家长都希望自己的孩子有出息，每一个教师都希望自己的学生取得好成绩。这样看起来好像目标完全一致，相互配合不应该有问题。可结果却往往事与愿违。家长和老师之间摩擦、矛盾、甚至纠纷争执不断。例如一个学习成绩优秀的男生，信奉"两耳不闻窗外事，一心只读圣贤书"的格言。由于他在学习方面比较省心，班主任老师更关注他在"做人"方面的一些不足，提醒他不要老迟到，要为集体做事，要学会关心他人等等，甚至有一次老师在楼道里发生了眩晕，他回过头来问候了一句："老师您没事吧？"老师就给他写了一封感谢信，表扬他学会关心人了，鼓励他做得更好。可是他的家长对这一切都不以为然，眼睛只盯着成绩，挑剔年轻老师的教学，埋怨学校不安排校车接送学生，甚至把家里的闹钟拨慢15分钟，为了让孩子多睡一会儿而迟到。像这位家长的种种做法，能说和学校的培养目标一致吗？

只关注学生分数的家校合作，取得成功的可能性不大，这也是现今教育体制下的一种无法克服的弊端。即使短期内家长、学校紧密配合，控制很严，使学生成绩一度上升，但往往很难保持，因为"治标不治本"，只能给家长和老师一瞬间的惊喜。这种"短期行为"、"现实主义"家校合作正在被家长和老师们实施着：数学老师让家长在孩子不及格的卷子上签字；化学老师让家长督促孩子默写化学方程式；语文老师让家长看着孩子背《出师表》……每一科老师的目标都很明确——家长要监督孩子提高我这一科的学习成绩。

大多数家长真的是竭尽全力去配合老师，但是能力有限，管不住孩子，跟孩子打着闹着"狠抓"了五科，可能也就一科成绩有点起色。于是这科老师高兴："你看家长抓了和不抓就是不一样。"其他几科老师就会埋怨："这家长不负责任，我也没办法。"真是"可怜天下父母心"、"可惜老师敬业情"。其实老师和家长很多时间是在做无用功，在一厢情愿地为实现自己的目标"鞠躬尽瘁"，而孩子们的反应是怎样的呢？听一听这近乎冷酷的回答："这段时间网上开始谈论'家校合作'，近来爸爸也总说这件事，还说要和班主任及任课老师好好沟通沟通，研究一个使我'浪子回头'的方案。我觉得好笑，我本人既然提不起兴趣，你们还合作什么啊？也不问问我究竟是怎么想的，似乎完全与我无关。你们这样不把我们的感受当一回事，就不怕到头来竹篮打水一场空吗？"——这是孩子的真实心声，而且很有代表性，不过是绝大多数孩子"不敢"袒露的心声罢了。

【经典链接】

1. 学问必须合乎自己的兴趣，方才可以得益。——莎士比亚

2. 我认为，对一切来说，只有热爱才是最好的教师，它远远超过责任感。——爱因斯坦

3. 好奇的目光常常可以看到比他所希望看到的东西更多。——莱辛

4. 深广的心灵总是把兴趣的领域推广到无数事物上去。——黑格尔

5. 世界上只有一种英雄主义：看到世界的本来面目并热爱它。——罗曼·罗兰

6. 思维世界的发展，在某种意义上说就是对惊奇的不断摆脱。——爱因斯坦

7. 哪里没有兴趣，哪里就没有记忆。——歌德

8. 兴趣是不会说谎的。——英国谚语

中学班主任与学生有效沟通的技巧

二、切忌"告状"式的谈话方法

老师找家长告状是学生最反感的，这不仅会增加老师和学生之间的距离，引起学生对老师误解，而且一定程度上显示了老师的无能和无奈，但是没有哪个老师能做到完全不给学生告状。真正的好老师不是在学生犯错时简单地向家长告状，而是讲究与家长沟通的技巧，如果一定要用"告状"这个词的话，就是要"告出水平，告出效果，不做无用功"。

有一个案例可以很好地说明这一点：我的班级曾有一个女生，性格略显内向，不合群儿，看卡通漫画成瘾，所有零花钱都用在买书上，积攒了一大木箱卡通漫画书。上课看漫画是家常便饭，学习成绩全班倒着数。前任班主任谈话、批评、没收均无效果，几乎就放弃了。我接班后她上课照看不误，我好言相劝无济于事。在即将召开我上任后的第一次家长会时，她交给我一封千余字的长信，信中痛斥我不懂新文化，不接受新时尚，说看卡通漫画是世界潮流，国外人人都在看，"我不追星，就是要看卡通漫画书"，并明确表示绝不会屈服。父母撕过、烧过她的书，并不止一次地打过她，但她发誓要看下去。信中她预言我一定会在家长会上给她告状，她等待着会后家里一场急风暴雨的来临，但不会让我看到满意的结果。拿着这封信，我犹如接到了一道"战表"，周围很多老师看后都被激怒了，我反而冷静了下来。因为我意识到她所谓的"预言"是揣摩了一般老师的心理和做法，她已经领教过了，于是我决定给她一个"意料之外"。

在一次家长会后我让她的父亲留下，通报了情况后，要求家长配合我，按我的方法去做：家长回到家里后不生气，不责备，表现出很高兴的样子——这就是第一个"意料之外"；然后告诉她老师表扬你了，表扬你爱看书，不追星，这在今天的青少年中是比较少的——第二个"意料之外"；但是老师提出两个问题希望你认真考虑一下：第一，你这样没有节制地看，对学习有没有影响？如果觉得确实没有影响，你的学习就是这个水平了，那老师支持你继续看下去——第三个"意料之外"；第二，你上课看如果老师不管，其他同学也上课看老师该不该管？家长完全按照我的要求去说、去做了，没有出现她所预料的急风暴雨，反而大大地触动了她。经过几乎一夜的思考，第二天她主动找到我，要求跟我谈谈。第二天是周日，她迫不及待地由父亲陪同打听着找到了我家，再一次要求和我交谈，并且表示如果谈好了，她立即去理发馆把很怪异的发型剪掉，要重新做人。我揽着她的肩膀，首先感谢她对我的信任，对昨天没和她谈表示歉意，然后我们推心置腹谈了很久。第二天她把头发剪短了，把一箱子书锁起来了，上课认真听讲了，学习成绩直线上升，用她的话说："您这种对待学生的方式，让我无法再顽抗，我只能投降，但我输得心服口服。"

这个案例应该算是一次成功的家校合作吧，这种成功的体验我还有很多很多。你说我告状没有？显然是告了。但我的"告状"是以理智为前提，以解决根本问题为目的，而不是就事论事，更不是推给家长帮我解决"在课堂上看课外书"的问题。课堂上老师都三番五次解决不了的问题，家长又能如何呢？

我上班的路上要经过两所小学，几乎每天都能看到这样的画面：爸爸或妈妈骑车带着孩子，一边走一边嘱咐"上课好好听讲啊"，"课堂上可别玩啊！"有些开车送孩子上学的家长，在孩子下车关门的那一瞬间也不忘叮嘱一句"上课要专心啊"，"今天别被老师留下，我准时来接你啊"。

每每听到这些话，再看看孩子那心不在焉、习以为常、似听非听的表情，我就特别想提醒老师们，哪个家长不希望自己的孩子好啊？孩子有什么

样的毛病其实家长心里都清楚, 尤其是经过小学六年"千锤百炼"的孩子, 到了中学, 孩子有哪些优势, 哪些劣势, 有什么样的好习惯, 有什么样的坏毛病, 家长心里都跟明镜似的。别看家长向老师介绍自己的孩子时主要说优点, 缺点轻描淡写一带而过, 那一来是家长爱面子, 希望自己的孩子能给老师留下好印象, 让老师"善待"自己的孩子, 二来也寄希望于孩子长大了, 懂事了, 旧有的不良行为随着走进中学就丢弃了, 改掉了。至于谁的孩子上课爱说话, 谁的孩子偏科, 谁的孩子不爱完成作业, 谁的孩子有撒谎的恶习, 谁的孩子粗心大意, 谁的孩子放学不爱回家……家长们都知道, 而且指望着老师帮他们孩子纠正这让他们"伤透了心"的坏毛病!

孩子们说"老师找家长是无能的表现", 话虽尖刻且不公平, 但是如果找家长单纯就是为了告状, 岂不等于承认"自己没有能力解决问题"而转嫁给家长了吗? 孩子说咱们"无能"也不算太冤枉吧。

再举一个我处理过的案例: 一天晚上我正在做饭, 电话铃响, 是我校一位年轻女教师打来的。"我遇到一个难题, 不知该如何处理了, 麻烦您给我出出主意。"

随后她介绍了事情的全过程: 课间休息老师走进教室, 看到一女生正在揪打一男生(此时老师的第一反应就是"这女孩子太不像话了")。老师厉声制止时, 这女生喊了一句"他骂我月经失调", 在场同学哄堂大笑。年轻的女老师很替她难为情(这时候老师对女孩的感觉更不好了), 把打架的学生叫到办公室了解情况后, 下一步该如何处理, 小老师没了主意。请教身边一些稍年长的老师, 有的说"让她写检查", 有的说"让她在班里公开做检查", 也有人说"请她家长"。可喜的是这位老师虽然年纪不大, 教龄不长, 但做班主任工作非常用心, 思考再三给我拨通了电话。我把我的态度和处理意见提供给她作为参考: 第一, 这事完全没有必要找家长。发生在学校内、教室里的一件并不十分严重的事，不要扩大矛盾。第二，在班里做检查的效果不会好，因为它毕竟涉及到了比较隐讳的话题。第三，也是最重要的，你从一开始就犯了一个"方向性"的错误——把矛头完全指向了这个女同学，无形中袒护了口无遮拦、引起争端的那个男生，我如果是那个女生我会不服气的。另外"月经失调"这样的话从初一同学嘴里说出来，恰恰说明了他们似懂非懂，还没有那么复杂，不要把孩子想得有多么龌龊。经过我这一分析，立刻得到了她的认同。"那我下一步该做什么呢？"我给了她两条建议，先给那位女同学打个电话，告诉她今天老师批评你是因为你身为班干部（女生体委），对你要严格要求，老师知道首先做错的不是你，是那个男孩子说了伤害你的话，老师一定会批评他的。但是作为一个女孩子，以后应该注意……

用"情"和"理"，既能抚平她受伤的心，又能接受老师的教育，认识到自己的过错。然后要借此机会分别给男女同学开会，进行一次青春期教育，尤其是要告诉男生：你们上了中学，要从小男孩长成男子汉了，要懂得尊重异性，说话不能过于随便，想什么说什么；行为上要约束自己，做一个有教养、有修养、有涵养的人。这位小老师按我的指点去做了，我的这顿晚饭吃了一半，她又来电话了，告诉我和那个女同学谈得非常好。一场差点被扩大了的矛盾顺利化解了。

如果前面提到的"卡通漫画"事件作为我成功"告状"的案例的话，那这个"月经失调"事件应该是没有告状，老师自行圆满解决的案例。处理方式不同，但效果相同。前者是"顽症"，需要家长的配合，于是"告状"了，达到了预期的效果；后者是偶然，只要老师能够解决，能达到教育目的，就宜"大事化小，小事化了"。

让家长把孩子训一通甚至打一顿，给老师出出气的做法千万要不得。

217

老师们尤其有必要明确一点：靠家长压服最多维持到小学结束，随着小孩上中学，进入青春期，家长逐渐就会败下阵来。给孩子冠以"逆反"两个字，其实言外之意就是"不听话了"，"管不住了"。

【经典链接】

1. 有一点要注意：不可让孩子说懦夫们常用的词汇，如"我不敢"。常说这句孩子决不会成为有出息的人。为此，父母给孩子讲述伟大人物的故事。

——蒙台梭利

2. 当父母学会如何用语言向孩子表达对他们发自内心的理解与接受时，往往父母就掌握了一项非常有用的工具，可以产生令人惊讶的效果。

——《哈佛才子》

3. 管教孩子是必不可少的，但管教只是手段，不是最终目的。

——费特弗森

4. 孩子需要爱，特别是当他们必须得爱的时候。——赫尔巴特

5. 友爱、协作、守纪、礼貌、集体观念能力等等，这些都是高素质人才必备的品质，如果没有这些技能的培养，一个再聪明的孩子也只可能被培养成"孤家寡人"式的神童。——《哈佛才子》哈佛女孩刘亦婷的母亲刘卫华

6. 作为长辈，在谈话中我们理应更加细心，更加富有同情心。我们应该努力地尊重我们的孩子，从而营造出更加友好的谈话氛围。

——《哈佛才子》哈佛女孩刘亦婷的母亲刘卫华

第二节 建立"同盟"关系，发挥家校合作的作用

【导语】

为了孩子的健康成长，家庭与学校、家长与老师相互协调、紧密配合非常必要，这一点是毋庸置疑的。尤其是近几年，随着社会的开放，纷繁复杂的社会现象和纷至沓来的大量信息，在刺激着孩子们的感官，同时也对孩子们的心理、思维、情绪、行为等起着影响和干扰的作用。"孩子们到底在想什么"越来越成为一个谜，使老师们不解，令家长们困惑。在这种情况下，家校之间的合作尤为重要，需要双方形成一种合力，共同去探索孩子们的内心世界，有的放矢地寻求孩子们能够接受的教育方法，这也是家校合作的首要目的。不要急功近利，不要奢望家长和老师一合作，孩子的学习成绩就提高了多少，甚至就成了"才"。家长在与学校的合作中学会教育，老师在与家长的交流中不断修正自己的教育方法和提高教育能力，形成一种高质量的合力，这样的家校合作才有生命力。

家校合作应该以学校为主，教师起主导作用，因为家长是分散的，缺乏号召力，学校才有力量来组织这件事。另外，家长也可以积极地行动起来，不要什么都等着学校来做。家长对家校合作非常认可和期盼，这也是在新的教育形势下对学校工作提出的新的、更高的要求。

家校合作一般包括三大块，即家长会、请家长和用飞信。

一、家长会

著名教育家苏霍姆林斯基指出："学校和家庭是一对教育者。"家长会则是家庭、学校共同关心学生健康成长的一种非常有效的教育形式。它是班主任联系家长，家长了解子女在校情况的重要途径，也是家长了解学校管理教育学生情况的有效途径。因此，开好家长会是班主任工作中的一个重要方面。那么如何开好家长会呢?

首先，把握好开家长会的时机。家长会必须是在班主任长期观察和了解本班学生的实际，并发现有关问题的基础上，有针对性地召开。比如，针对学生的学习习惯、生活习惯、思想行为、交通安全、文明礼仪以及智力的开发、非智力因素的形成等方面的问题，分别召开相应的家长会，一次一个主题，内容集中，使家长会开得深入，进而达到解决实际问题的目的。对突发性事件应及时处理，不应该受固定时间的限制。

其次，确定好家长会主题。家庭教育是依附于学校教育而存在的，学校教育起着不可取代的主导作用。所以在家长会上，作为学校教育代表的班主任，必须使家长在此教育思想的指导下，寻找家庭教育的方法和途径。作为班主任;要围绕本班学生的实际制订出一个较为长远的教育计划，比如本学期要召开几次家长会，每次家长会要解决什么问题，要有个通盘的打算，从而避免了盲目性。

第三，家长会具有交流性。家长会的重要作用之一就是学校家长双方相互结合，共同寻找对孩子的正确教育方法。所以家长会就应该变教师一言堂式为研讨交流式，让家长说一说孩子们在家里的表现，说一说家长在家里通常采取什么方式教育孩子，从而使老师更全面地了解学生和家长，并由此明确下一步应采取什么样的教育手段，开展什么样的活动等。另外，还可以让一些有心得体会的家长现身说法，给家长们提供一个交流经验的机会。这样，通过交流，教育者双方便在教育思想上达成了共识，增强了教育合力。

老师有意识地把时间和空间让给家长甚或学生，让他们成为家长会的主角，这样家长们可以有机会了解孩子的全面情况，转变对孩子关注的角度，有机会倾听其他家长的教子经验与困惑，还可以有机会与孩子面对面地交流，参与对学生的教育，评价班级的教育工作。这些别开生面的家长会，可以增进家长与老师之间的交流，使家长对老师重新了解与认识，也对自己的孩子全面了解，孩子的长处和不足尽收眼底，并学会因材施教。

家长会上，要设法调动家长积极发言，从中最大限度地了解学生的家庭情况和个性特点，以便有针对性地采取教育措施。就家长提出的意见，做出合理的说明，表明态度。对有共性的问题，与家长一起商讨。如怎样最大限度地扬长避短，把教育理想和现实结合起来？激发学生上进心的有效方法有哪些？教师和学生家长各应做哪些工作？怎样做到身教与言教的结合？如何创设良好的学校、家庭育人环境等等。其目的在于关注学生健康。

第四，注意几个小细节：1. 设计一个温馨的通知。精心设计的邀请函说明了会议的主题。它们不再是往日学校、教师板着脸对家长下的命令了。教师要在会前通过这张温馨的通知把家长会的内容告诉家长，让他们有备而来，而且时间还可以有弹性。2. 布置一个温暖的环境。家长会一般都是在教室里召开的，教室是学生学习的场所，教室环境的布置和学生一定时期的学习生活有关，所以在这样的场所开家长要注意环境的布置。首先，环境的布置要围绕家长会的主题，其次，要让家长能有东西看，比如可以在教

室的走廊和四周布置起学生的作业、手工作品等等, 家长既可以看到自己孩子的校园生活, 也可以和同班的其他学生相比较。3. 注重一个衔接的教育。召开家长会, 要考虑这次家长会与上次家长会 (甚至上几次家长会) 所讲内容的衔接问题, 看上次家长会制订的目标是否已经达到, 然后在总结经验的基础上, 制订出本次家长会切实可行的教育目标。千万不能东一榔头, 西一棒, 让家长不知所云, 无所适从。

二、请家长

这也是有中国特色的一种传统家校合作方式。小学老师经常是采用放学后把学生留下, 家长来接孩子时给孩子告上一状的方法。中学生正处于青春期, 真可谓"多事之秋", 也真够难为这些中学老师的, 求着学, 哄着学, 压着学, 斗智斗勇, 软硬兼施, 实在没法子了——找家长。上课说话, 找家长; 男女之间传纸条, 找家长; 不完成作业, 找家长; 考试作弊了, 找家长; 甚至哪篇古文没默写下来, 也找家长……真累! 家长累, 老师也累, 关键是大家累了半天没有什么效果, 没效果那不就是一个"败招"吗? 既然是"败招", 老师们为什么不能想办法改良一下, 修正一下, 有点新意呢? 这种头疼医头、脚疼医脚的办法, 治标不治本。

家长要不要找? 要, 但调整一下策略, 可能事半功倍。试举一例: 有一男生十分优秀, 但高中期间也时不时犯点孩子们惯犯的小错误。有一段时间他经常在作业上偷懒, 今天做题缺步骤, 明天少交一门作业, 后天作业放家忘带了, 有那么三四次以后, 我意识到他在放松自己。我不但要让他家长了解这种现状, 还要联合起来敲打他一下。于是在一次他说把物理作业忘在家里了, 我没动声色, 悄悄给他妈妈打了一个电话, 首先说了一下他近期表现，本着"响鼓也要重锤敲"的原则，我请求他妈妈配合我。因为知道他妈妈就在所住部队大院门诊部工作，时间上有一定弹性，所以就请他妈妈专程给儿子来送一次作业，一来借机教育王海洋，二来"杀一儆百"，给其他同学提个醒。商定好后，我回到教室，一脸严肃地向同学们宣布："最近老有同学忘带作业，从安全角度考虑，我也不能让你们回家取。从今天开始，咱们实施一个新的办法，谁忘带作业我就打电话让家长来送，你们不心疼你们的爸爸妈妈，不怕影响他们的工作，我也就顾不了那么多了。今天就拿他开刀，我已经通知了他妈妈，九点半课间操时将作业送到。"同学们一个个面面相觑，他更是无地自容。我至今忘不了当天那一幕：他妈妈骑车来到学校，巧的是那天风特别大，我们三个人面对面站在办公室，身高1米8的他低着头，满脸流汗，他妈妈借机会教育了他一顿。他是一个特别孝敬父母的孩子，从那一刻起，他真的把教训铭刻在心，再没有犯过类似的错误。其他同学也在相当长一段时间里不说忘带作业了。就这件事来说，我既请了家长，又告了状，但是从最终效果来看，这个家长请得值，应该也是一次成功的家校合作。

请家长，作为负责任的老师与家长联系、沟通的一种手段，本身并无过错。但是我想应该注意这样三点：一要明确目的，为了什么事，请家长要达到什么目的，是不是能够收到预期效果，老师都要先想清楚，免得劳心伤神，生一肚子气，还不见得解决问题。我就经常听到一些任课老师给班主任下指令："把你们班×××的家长找来。上课不听讲，也不知道在底下干什么呢！"或者"叫××的家长来一趟，他孩子要再不好好完成作业我就不管他了"。像这种老师"一气之下"做出的请家长的决定往往是徒劳的，学生上课在干什么连讲台上的老师都不清楚，家长又怎么能知道呢？至于说"不管了"，怎么可能呢？越是这些嘴里说着气话，追着找家长的老师，责

任心才越强，根本不可能放弃一个学生，所以这样即使把家长请来了，也达不到目的。要换一种思维方式，把请家长、给家长打电话这种沟通不要仅仅局限在孩子有了错误之后。孩子有进步了，给家长报个喜讯；学习优秀或某一方面表现突出的孩子，把家长请来介绍介绍经验；召集三五位家长座谈一下，听一听孩子们的心声及家长的建议；即使孩子的错误必须告知家长，也不要一告了之，而是指导家长如何帮助和教育孩子。总之，不要把"请家长"这种善意的举动搞得那么沉重，让孩子惧怕，让家长不安，这不过是老师与家长之间一种平等的沟通与交流。

三、用飞信

青少年健康成长需要教师特别是班主任与家长的密切配合和有效沟通。可随着社会生活节奏的加快，传统的家校沟通方式也应该有所改变。比如班主任到学生家里进行家访，约谈家长等，费时费力且效率不高，也容易打扰家长的工作和生活。不管是家长还是老师，都非常希望有一种更好的相互联系和沟通方式。

飞信是中国移动的综合通信服务，融合语音、短信、互联网等多种通信方式，覆盖三种不同形态（完全实时的语音服务、准实时的文字和小数据量通信服务、非实时的通信服务）的客户通信需求，实现互联网和移动网间的无缝通信服务。目前我们在教育教学中最推崇的是短信功能，其特点有：

一是免费。注册飞信后可以联网通过计算机直接给飞信好友发送短信，如果好友未上线，信息将以短信的形式自动转发到对方手机上，保证信息即时到达不丢失，而且接收短信也免费，但手机直接回复或对飞信号发短信要收费,资费为每条1角。

二是快捷。有事可以直接通过电脑飞信给"好友"发短信,可以单发也可以群发,对于一个组内的成员,飞信可以实现群发功能。如果学校或班级有什么活动或工作安排,可以采用群发给各位学生家长或老师,快捷又方便。

三是多终端登录,永不离线。只要有一台可上网的电脑,用户就可以随时随地与好友保持有效的沟通。

四是有效防扰,安全沟通。只有被用户授权为好友时,对方才可与自己通话和发短信,可以不用手机号码只留飞信号码,安全方便。

飞信是班级管理中重要的"信息使者",不用担心打扰对方工作,就能把有效信息及时传递给家长,还可以通过"飞信历史聊天"来记录自己与家长、学生的沟通情况,做工作总结。

1. 发布通知,飞信群发保时效

每学期开学和结束时,学校都要印发各种通知发给老师、家长,浪费了大量的纸张,还容易丢失忘记。而用飞信发通知,既快捷又节省,还可以把重要通知存储起来以备核查。比如,开学前几天,可以把开学的时间、注意事项和要求等,用飞信的方式分别发给教师和家长,便捷明了,特别是班主任把开学通知事项发给家长,还避免了个别学生对家长撒谎骗取各种经费的可能,让家长对学校的要求一清二楚。

2. 紧急情况,飞信警醒免损失

孩子的安全是家长最关心的。可是在这多元化的信息时代,难免会有些应急的情况出现,容易让家长措手不及而导致损失。比如,某校曾发生家长被诈骗的事件:许多家长接到电话称他们的子女住院,要求他们马上给一个账号汇二万元钱。一个班级的班主任利用飞信群发功能告知家长事

中学班主任与学生有效沟通的技巧

实,有效地防止上当受骗。而另一个没有使用飞信的班级有两名家长分别被骗两万元。

3. 布置作业,飞信支持保监督

有些学生不自觉会向家长撒谎说没有或很少作业,放学很迟回家也说是被老师留下的。有了飞信,老师与家长的联系更加密切,学生也就没有撒谎的可能了。各科老师的作业和要求汇总到班主任处,班主任再汇总发给家长,家长几乎每天都至少可以收到一条班主任的短信,对孩子的学习和表现了如指掌,非常放心。在布置作业方面,实施因材施教原则,有难易度不同、针对不同层次的学生布置一些选择性作业,让学生够得着、有发展。

4. 检查反馈,飞信反馈促管理

对学生作业的完成情况、考试情况和学生的在校表现,家长能及时了解及时反馈,避免了以前学生"迟到旷课骗家长,出了事情怪老师"及"考试隐瞒成绩,作业偷工减料"的现象。

5. 节日问候,飞信脉脉话温情

每逢节日,家长总会鼓励孩子发短信祝福语向老师致谢,收到大量的短信祝福让我们难以一一回复,现在有了飞信,我们可以采用电脑让飞信的方式群发短信,很好地传递了家校温情互动,增添了老师与家长之间的感情沟通。

此外,我们还可以经常发一些短信对家长进行家教指导,特别是周末和节假日,提醒家长让孩子劳逸结合,多参加社会实践活动,注意安全,远离网吧等,促进家长从"自然型"向"教练型"家长转变。

从学校和老师角度谈家校合作,除了家长会、请家长,用飞信等方式外,随着教育形势的发展、教育环境的变化,也需要不断推陈出新。墨守陈规是行不通的,人人都会从青春期走过,但"青春期"的概念却是近些年的时尚语。其实说白了，对于我们这些当老师的人来说，"青春期"教育就是摆在我们眼前的一道难题，是对我们教育水平的考验，总不能败下阵来吧。在实践中要不断摸索，不断寻求更适合孩子们年龄特点的教育方法，我们责无旁贷。

家校合作是双方的，是一种互动的过程。学校、老师正在投入越来越大的热情和精力做这件工作。作为互动的另一方——家长，据我所知也有合作的愿望，甚至有许多家长为孩子的培养和教育真是不遗余力。但是显然效果并不怎么满意，否则就不会引出"青春期遇上了更年期"的话题了。其实被扣上"更年期"帽子的家长们也很苦恼，现在都是一个"宝贝儿"，对于每一个家庭来说成功与失败都是100%，谁也不愿留下遗憾。就在最近我接到一位家长的电话，自责和懊悔溢于言表：女儿中考成绩不理想，被一所不太中意的高中录取。如果家长提前活动一下，可以在择校政策许可范围内，花3万元重新选择一个相对理想的学校，但是由于家长动作迟了一步，错过了机会。孩子自知"理亏"，虽然郁闷但也无可指责，妈妈可就受不了了，电话中一再表示对不起孩子，没有尽最大努力去为孩子争取好的学习环境，甚至担心有可能给孩子造成终身遗憾。我虽然也开导、安慰了她一番，但我知道，任何语言也抹不掉家长心中对孩子的这份"歉意"。

其实家长真的欠孩子什么吗？我的回答是：欠，也不欠。不欠的是对孩子的那份情、那份爱，那份成长中的关心，那份生活中的给予。尤其是城市中的家长们，用他们的付出淋漓尽致地向孩子倾注自己的爱，得到的回答却是："妈妈，您的爱我受不了！""我最怕看妈妈的眼神，她的眼神里期望太多了，爸妈的爱让我不快乐。"就是现在生活在大城市最底层的农民工们，他们把用身体和生命挣下的每一个铜板积攒下来，为的是"回家盖房子，给儿子娶媳妇"，可是就在他们为儿子的将来创造和积攒财富的时候，

他们还未成年的儿子却辍学,不再接受正常的教育,你难道能说这不是父母对子女的爱吗?所以我说为人父母,或者作为家长在对待子女的"爱"上不但不欠,而且只多不少。但是家长们欠的是正确的教育理念,理智的教育方法和恰当的教育手段——这恰恰是今天家庭教育的软肋,因此才不堪一击,因此才屡战屡败,因此才不被孩子们接受。

著名儿童教育家孙云晓在北京电视台2004家庭教育论坛上引用孩子们的话,把父母们称为"菜鸟",据说是港台的泊来语,意思就是在网络方面的"笨蛋"、"白痴"、"什么都不懂",孩子则自称为"老鸟"。现在的情况是"菜鸟在教育老鸟",而且是用传统的方式,一厢情愿地教育,"老鸟"们能服气吗?不服气又怎么能接受呢?现在许多教育方面的专家都在大声疾呼"家长要学习教育","教育孩子先要教育家长","教者应修身"。这种呼吁和提倡无疑是个好势头,绝大多数家长一定会接受。但是据我了解,家长们最迫切需要的答案就是:"我该做什么?我该怎么做?"这个话题很广泛,需要从多方面、多角度来回答,我仅从家校合作这一点出发,谈谈我的看法。

家长要充分认识与学校、老师良好合作的现实意义。没有家长的精诚合作,单枪匹马的老师即使再有本事,也未必就能取得良好的效果。同样道理,家长的心气儿再高,单枪匹马也难遂心愿。既然家校目标是一致的,而老师又是专职的教育工作者,教育水平无论如何也应该高出家长一等,家长如果能够做到主动沟通,虚心求助,善于协调,合理配合,真正形成教育合力,就能助孩子健康成长一臂之力。

可惜的是,很多家长对这个问题认识不够充分,把学校教育与家庭教育割裂开来,形成几种错误认识。

其一,我为孩子选择了好学校,已经尽到了责任,剩下的教育问题就交给学校和老师了。这是一种推卸责任的做法。上了好学校并不是绝对进了保险箱，清华、北大学子照样有违法犯罪的事情发生。持这种观点的往往是事业有成、工作繁忙，有一定经济实力的家长。孩子上了3年初中，没开过家长会，不知孩子老师姓什么，不知道自己孩子在几班，初中毕业没考好，再花高价钱上高中——这样的家长我见过不少。

其二，有的家长很自谦，认为自己不懂教育，甚至文化程度不高，也辅导不了孩子，只能拜托老师了。这些家长的着眼点只在孩子的"功课"上，认为自己无能为力，帮不上忙，所以客观上放弃了与学校的积极合作。

其三，不好意思打搅老师。这样的家长还真挺多。心里特别想跟老师取得联系，想了解孩子在校表现及学习状况，或者发现孩子有问题了想求助于老师，让老师给支支着。但是犹豫再三，"算了吧，别给老师找麻烦了"，有的家长还十分通情达理地表示"我这一个孩子都这么费劲，人家老师管40多个呢，别给老师添乱了"。殊不知，您的这种好心有时候还真耽误事，失去教育孩子的最佳时机。另外也可以说明家长们有时真不太了解老师们的心，只要对孩子有好处，能帮助孩子进步，大多数老师对自己的付出是无怨无悔的。

家校合作并不是中国的创新，世界上许多国家对这个问题也有不同程度的关注。美国早在1900年就建立了"家长教师协会"，1993年第25届盖勒普民意调查发现，教师们普遍认为"如果家长积极参与其孩子的教育，学生在校表现可能更出色"。但是中国的教育国情中有非常突出的一点，就是家长对孩子的期望值太高，这就决定了家校合作在中国更具有现实意义。所以家长们要充分认识这一点，力戒浮躁、脚踏实地、真心实意地和学校、和老师携起手来，直面孩子们成长过程中的一个个难题，相信"一加一大于二"。

【经典链接】

1. 单丝不成线，独木不成林。——俗语

2. 二人同心，其利断金。——《易经》

3. 唯宽可以容人，唯厚可以载物。——薛宣

4. 聪明人与朋友同行，步调总是齐一的。——法国谚语

5. 一致是强有力的，而纷争易于被征服。——伊索

6. 若不团结，任何力量都是弱小的。——拉封丹

7. 人心齐，泰山移。——中国谚语

8. 单个的人是软弱无力的，就像漂流的鲁滨孙一样，只有同别人在一起，他才能完成许多事业。——叔本华